痛点社交

常见关键情景难题全解

邓标◎著

中国财富出版社有限公司

图书在版编目（CIP）数据

痛点社交：常见关键情景难题全解 / 邓标著 . —北京：中国财富出版社
有限公司 , 2024.3

ISBN 978-7-5047-8098-0

Ⅰ . ①痛… Ⅱ . ①邓… Ⅲ . ①社会交往－通俗读物 Ⅳ . ① C912.3-49

中国国家版本馆 CIP 数据核字 (2024) 第 005900 号

策划编辑	李小红	责任编辑	张红燕　李小红	版权编辑	李　洋
责任印制	梁　凡	责任校对	张营营	责任发行	杨恩磊

出版发行	中国财富出版社有限公司			
社　　址	北京市丰台区南四环西路 188 号 5 区 20 楼		**邮　　编**	100070
电　　话	010-52227588 转 2098（发行部）		010-52227588 转 321（总编室）	
	010-52227566（24 小时读者服务）		010-52227588 转 305（质检部）	
网　　址	http://www.cfpress.com.cn		**排　　版**	博峰文化（北京）有限公司
经　　销	新华书店		**印　　刷**	三河市天润建兴印务有限公司
书　　号	ISBN 978-7-5047-8098-0/C · 0244			
开　　本	710 mm × 1000 mm 1/16		**版　　次**	2024 年 4 月第 1 版
印　　张	16		**印　　次**	2024 年 4 月第 1 次印刷
字　　数	177 千字		**定　　价**	52.00 元

前言　　　　　　　　　　　　　

　　面对陌生人，总是紧张得手足无措；遇到领导，语言功能总是突然退化；觥筹交错，除了"干饭"啥也不懂；相亲约会，舌头打结是常态；与人寒暄，翻来覆去都是那几句；无理要求，想拒绝又说不出口……

　　这些让人尴尬的社交瞬间，总是潜藏在生活的方方面面，发生在猝不及防之间，是每个不擅交际的成年人难以宣之于口的隐痛。

　　即使我们翻阅了无数的社交类书籍，牢记了许多社交技巧，把各个社交大师的劝告都牢记于心，在遭遇社交尴尬的瞬间，我们的大脑还是会陷入停滞，根本无法进行任何思考！

　　如何缓解这种局面呢？或许应该这样——

　　初次见面，打完招呼后双方都陷入沉默，不知道该说些什么，这时，脑海中突然响起一个声音："喂喂，别发呆，看见他的手表了吗？那是你最喜欢的牌子，你可以夸夸手表！"

刚冲进电梯就和领导四目相对，紧张得仿佛空气都凝滞了，正手足无措时，一个声音响起："别沉默呀，先给领导做个自我介绍，然后聊聊路况吧，今天堵车好像很严重呢！"

饭桌上觥筹交错，大家谈笑风生，自己却像个"透明人"，正打算埋头"干饭"掩饰尴尬时，一个声音突然提醒："别呀！你得去应酬一下！听到了吗，旁边的人正在谈论钓鱼的事情，你刚买的鱼竿不是出问题了吗？不如去问问他们吧！"

相亲遇到有好感的对象，自己却因为紧张而状况频发，恨不得挖条地缝钻进去，正在因丢脸而郁郁寡欢时，突然有个声音在耳边提醒："收拾好你的情绪，先大大方方和对方道个歉，独自忧郁算怎么回事？！"

和不熟的人寒暄，翻来覆去都是"吃了吗""喝了吗""最近好吗"，彼此都笑得僵硬又尴尬，这时，灵光一闪，仿佛听到有个声音提醒你："快看看他的新发型，可比上次精神多了！"

辛辛苦苦大半年，总算把项目成功做完，刚拿到手一笔小奖金，就被同事起哄请吃饭，正不知该如何是好，突然福至心灵，开口就来："唉，倒不是我不愿意，就是这信用卡账单还没缴，孩子的培训费也还没付……"

是的，这正是我们需要的——实用的解决方案和策略，是我们在遭遇"社交痛点"时，直接跳过思考和总结的环节，快速得到答案的"止痛秘籍"。

　　这里没有艰涩高深的理论，没有长篇大论的分析，有的只是一个个日常生活中常见的社交情景和难题，以及相对应的实用解决方案与策略，旨在帮助读者更好地应对各种社交挑战，克服社交困难，提升社交技巧，帮助读者在各种社交情景中更加自信和成功地与他人进行交流。

目录　　　　　　　　　　　　　　　　Contents

第一章　你好，陌生人

第二章　可恶的洗脑者

第五章　"老同学"还是"最熟悉的陌生人"

第六章　七大姑八大姨，虽然亲但"不熟"

第七章　相亲约会，舌头打结

第十一章　这么离谱的请求，你都不会拒绝

第一章 你好，陌生人

—— 我有"生人恐惧症"

初次见面，本想聊个热点话题来拉近距离，结果刚提到最近某明星的离婚事件，对方就当场变脸。后来才知道对方也刚离婚不久。唉，和陌生人聊开好难啊！

很多人都会陷入一个误区，认为想要博得初次见面对象的好感，就必须聊一些有用的、有趣的、有内容的话题。但实际上，对于初相识的陌生人来说，并不需要考虑那么多，只要能聊下去，让彼此有机会进一步了解，就已经足够了。

以下是几个关键点：

1. 选择安全且具有展开空间的话题作为切入点。

当你对聊天对象一无所知时，选择话题一定要以安全稳妥为主，这样才能有效避免"踩雷"。简单来说，就是尽量避免涉及对方的家庭、工作和感情等相关话题。

2. 找不到话题，就从夸奖对方开始。

任何时候，赞美都是令人欢喜的，而你赞美对方的点，就是一个可以展开的话题。即使你不善言辞，也可以通过夸奖开启话题后，把"主场"让给对方，自己则扮演一个倾听者的角色，从而达到"宾主尽欢"的效果。

初次见面，话题可以"就地取材"，比如在饭局上认识，那么用饮食话题打开局面是最好不过了。比如可以从饮食禁忌聊起：

> "听说吃海鲜有很多禁忌，海鲜和啤酒不能一起食用……"

如果对方家乡靠海，或者也喜欢吃海鲜，那么话题自然就能展开了。

即使对方对海鲜不感兴趣，也完全可以通过这一话题打开聊天局面，发展到对方的家乡美食，甚至聊一些和个人情况相关的内容。

当想不到可切入的话题时，就先观察一下，看看对方的穿戴有没有你比较了解的东西，比如你对手表比较感兴趣，而对方恰巧戴了一块不错的手表，你就可以从夸奖对方的手表入手：

> "这块表不错啊，是×牌的新款吗？"

如果对方也是爱表人士，那么恭喜你，话题可以展开了。如果你对手表不是特别了解，那么也没关系，可以以"请教者"的姿态，把聊天的主场让给对方，比如你可以说：

> "我想买块手表送给我爸，但一直拿不定主意，不知道哪款比较好，你有什么建议吗？"

当然，在"请教"之前，你得先确定，对方确实对这方面有一定的了解，否则还是及时调整话题方向吧！

出差奔波了一周，回程高铁上，困意袭来，我昏昏欲睡，旁边座位的人却一直跟我讲着他旅行的趣事，我该如何礼貌地打断他呢？

痛 点 答 疑

俗话说："伸手不打笑脸人。"可在旅途中遇到过于热情、一直自来熟地搭话的"社牛"，也着实令人感到困扰。面对这样的情况，直接出言提醒对方结束聊天，未免显得有些不近人情，更何况，接下来双方还要继续"强制绑定"一段时间，要是把场面闹得太尴尬，大家都会觉得不自在。

那么，如何才能礼貌而不失尴尬地结束聊天呢？

1. 寻找聊天的自然结束点。

不管出于什么原因，正在说话时被别人打断，都会让人感到不舒服，所以，最好能在对方刚讲完一个话题，或者表达完一段观点的时候，卡在这个自然的结束点接过话头。

2. 转换话题，掌握主动权。

接过话头后，迅速转换话题，掌握谈话的主动权，这样才能有效打断对方的喋喋不休。

3. 表达结束交谈的意愿。

可以通过讲述旅途的劳累、身体的疲惫或补觉的需求等，委婉地向对方表达结束交谈的意愿。

社 交 止 痛

要想打断对方，最有效的方式就是转换话题。可以先表示赞同，然后再顺势转换话题。比如，对方一直喋喋不休地讲述自己的旅行趣闻时，你可以这样说：

第一章　你好，陌生人

"哇，真的吗？那可真是太有趣了，可惜我工作太忙了，想旅行都没时间。"

取得聊天的主动权后，就可以向对方传达想要结束交谈的意愿，比如：

"这次出差真的太累了，回去还有的忙，我得抓紧时间补个觉。"

接下来，你就可以考虑戴上耳机，闭目养神了。

如果你实在担心就这样结束聊天，会让这位热情的陌生朋友感到受伤，那么还可以顺势提出一些小请求来转移对方的注意力，比如：

"能麻烦您快到站的时候叫我一声吗？我怕太困睡过站了。"

或者：

"我想眯一会儿，能麻烦您帮我稍微留意一下东西吗？"

这样一来，对方的注意力会自然地转移到你的请求上，从而减轻聊天结束带来的失落感。

听说一个大"八卦"，兴冲冲分享完，周围的环境突然安静了，原来眼前这个面生的小姐姐就是"八卦"的主角之一……天哪，这也太社死了吧！

大消息！我看到新来的小美坐王总的车来上班……

我坐我二叔的车来上班怎么了？你管得挺宽啊！

完蛋了，现在闭嘴还来得及吗！

"八卦"乃人之天性，谁不是个爱"吃瓜"的"猹"呢？但要是说八卦说到当事人的面前，那可真是恨不得在地上挖个洞把自己埋起来，毕竟实在太尴尬了！

遇到这样的状况，大多数人的反应可能都是尴尬一笑或沉默不语，假装事情没有发生，然后赶紧离开。但如果你真的这样做，那么即便当下可以暂时逃避，被你"八卦"的对象必然会在心里给你记上一笔。

那么，遇到这样的情况，究竟应该怎样做呢？记住两个关键点：

1. 插科打诨，化解尴尬。

"八卦"传到正主面前，气氛必然是非常尴尬的。想要挽救局面，首先要做的就是打破尴尬局面，让凝滞的气氛轻松起来。

2. 立即低头，主动认错。

无论如何，背后说人都是不占理的，所以，在打破尴尬的氛围之后，一定要趁热打铁，立即向当事人低头道歉，这样才能彻底消除对方心里的"疙瘩"。

背后说人被抓包，当下气氛一定非常尴尬，这时，可以通过自嘲的方式来打破凝滞的气氛，同时向对方释放服软信号。你可以这样说：

> "从小我妈就说，我这张破嘴，就是少个'门把儿'，成天胡言乱语，早晚得罪人。唉，果真应验了，该罚、该罚！"

尴尬的气氛缓和之后，周围的人如果识趣，想必都会主动离开，而此时，你需要做的，是向当事人真诚致歉。千万不要觉得多此一举，背后"八卦"原本就理亏，理应给对方一个郑重的道歉。比如你可以这样说：

> "对不住了，我在这儿郑重地给您道个歉，是我没管住自己的嘴，以后一定改正！"

当然，如果实在怕丢面子，这个道歉也可放在私下进行，但时间间隔千万不要太长，趁热打铁才能达到最好的效果，消除对方心中的芥蒂。

终于和崇拜已久的学长说上话了，但他一开口就是"AI技术的发展前景"，还问我"怎么看"，我都听不懂，还能"怎么看"？唉，他一定觉得我很无知。

关于刚才讲的AI技术的发展前景，你怎么看？

啥？啥AI技术？看什么？我又不是元芳，我不看！

痛 点 答 疑

想和对方交朋友，好不容易搭上话，却发现对方谈论的是我们完全不懂的话题，就算想聊天也接不上话，这可怎么办呢？硬着头皮往下聊吧，一不小心可能就暴露了自己的"无知"；强行转移话题吧，可能打扰对方的"谈兴"，给对方留下不好的印象；沉默不语、缩小存在感吧，那更是直接变成"背景板"，无法给对方留下任何印象了。

其实，只要抓住几个关键点，即使是不懂的话题，也能顺利地"聊"起来。

1. 及时给予肯定和反馈。

遇到不懂的话题不要紧，可以把聊天主场让给对方，自己做一名倾听者，并及时给予对方肯定和积极的反馈，让对方知道你在认真听他说话，并十分赞同他的观点。

2. 顺着对方的话提问。

聊天是一种互动，有来有往才能持续下去。当你无法接上对方的话时，可以使用提问的方式鼓励对方继续发表意见，保持"谈兴"。

3. 聊细节，求分享。

认真倾听对方说的每一句话，然后根据正在聊的内容，抓住一些细节，请求对方进行分享。这样会让对方觉得，你确实对他说的内容感兴趣，并且赞同他的观点，一旦让对方产生这样的感受，那么这场聊天就十分成功了！

社 交 止 痛

一名好的倾听者并不只是单纯地"听"，还需懂得时不时地给予对方一些积极的反馈，比如：

> "嗯嗯……对……原来如此……哇，这么厉害……"

及时给予对方正面反馈，让对方知道你在认真倾听，这样即使你不能提供什么有价值的回应，至少在态度上的认真和鼓励也能给对方留下良好的印象。

注意仔细聆听对方的说话内容，记住一两个观点，然后在对方说话间歇时，针对这些观点提出疑问，比如：

> "您刚才提到……为什么会是这样呢？"

对方谈论的是你并不了解的话题，在听完对方的长篇大论之后，你却没有产生任何疑问，那么之前的应和就显得十分敷衍了。

如果你是一个善于抓细节，并且阅读理解满分的人，那么还可以从对方的说话内容中提炼出一两个关键细节，来邀请对方进行分享，这样一来，聊天的内容和时长就能增加了，你给对方留下的印象也会更深刻，比如可以这样说：

> "刚才您提到的……我觉得非常有趣，但关于……我不是很明白，可以再仔细说一说吗？"

需要注意的是，你得抓对细节，找准关键点，如果你提到的细节太过"门外汉"，或者对方无法就此展开讲述，那就有些画蛇添足了。

课间,班上有几个男生正在讨论篮球赛。我也是个篮球迷,可是我刚转学过来,该如何融入他们呢?

看我看我!我也是篮球迷,快邀请我加入话题啊!

在日常生活中，我们常常会有想要半途加入他人谈话的时候，但又担心贸然加入会招致他人的反感。

那么，如何才能加入他人的谈话，又不会显得自己很突兀呢？

1. 仔细观察，确认对方的谈话是否欢迎新人加入。

加入他人的谈话之前，我们需要确定对方正在谈论的话题是否欢迎新人加入。如果对方谈论的是比较私人的话题，那么新人的加入显然就有些冒犯了。又或者，谈话双方的关系比较亲近暧昧，那么新人的加入同样会显得"没眼色"。

2. 找准时机，自然加入谈话。

加入谈话时，找准时机也是非常重要的。比如我们可以在对方说话的间歇，抓住机会，快速发表观点，自然而然地加入谈话。切记，一定不能在对方话还没有说完的时候贸然打断，以免给对方留下不好的印象。

3. 迎合对方的情绪，把话说到点子上。

注意说话者的情绪，当对方谈论到某些话题，引发较大的情绪反应时，可以借此机会，用体谅性的语言作为切入点，迎合对方的情绪，加入谈话。这样容易让对方觉得我们和他是一个"阵营"的，甚至产生"相见恨晚"的感觉，从而拉近彼此的距离。

社 交 止 痛

想要加入他人的谈话既不显得突兀，又不会引起他人的反感，一定要找对加入的时机。比如当对方刚发表完自己的意见或者当讲话告一段落的时候，就是最好的时机，你可以这样说：

> "您也这样认为吗？我也赞同这个观点。"

当你迎合对方的观点时，对方会下意识地把你划入自己的"阵营"，这样你就可以顺其自然地加入谈话了。

当然，你也可以另辟蹊径，用反对的方式来引起对方的注意，比如：

> "我不认为是这样，事实上，我更赞同另一种说法。"

这样说的好处在于，你可以迅速吸引众人的目光，让自己变成聊天的中心，顺势和对方展开一场辩论，以"不打不相识"的方式与对方建立友谊。当然，这种方式也是存在较大风险的，如果你不能有一套精彩的说辞，或是对方无法接受不同的意见，那么恐怕会适得其反。

如果你并没有什么明确的观点，但又想加入这场谈话，那么可以这样说：

> "这是真的吗？为什么会得出这样的结论？"

当对方开始回答你的疑问时，你就已经成功且自然地加入其中，成为聊天的一员了。

参加行业聚会，碰到崇拜已久的大佬，好不容易找到机会搭话，结果对方说的内容我完全听不懂，这可怎么办？不想在偶像面前暴露我的无知啊！

好想和偶像搭话，但真的完全听不懂他在说啥啊……

痛 | 点 | 答 | 疑

好不容易有机会和崇拜已久的前辈、大佬、专家们展开社交，却发现对方谈论的内容实在过于高深，自己根本听不懂，这可糟大了，万一不小心暴露自己的无知，给对方留下不好的印象，那可真是得不偿失了啊！

其实，很多人在和身份、地位、资历等方面都比自己"高一等"的前辈交往时，都容易陷入一个误区，觉得自己必须多争取表现机会，多展示自己，才能赢得对方的肯定，给对方留下一个好的印象。当然，有才华和能力的人固然会得到众人的欣赏，但当面对这些比自己厉害的人时，又有多少人能有让对方折服的才华与能力呢？

所以，当你发现自己无法接上对方谈论的话题，甚至完全听不懂的时候，不要着急，我们完全可以另辟蹊径，用认真的态度来赢得对方的好感。

1. 拿出本子或手机，认真记录要点。

当前辈们谈论高深的话题而自己听不懂时，不要紧张，赶紧掏出随身携带的笔记本或打开手机备忘录，持学习的态度去倾听对方的谈话，并适时记录要点。

2. 提问前，先复述对方的观点。

在对方说完话后，可以适时地进行一些提问，在提问之前，可以先简单地复述一遍对方刚才说话的内容，这样对方会认为，你确实认真倾听了他的发言，并且有自己的思考，这一点绝对能够让对方给自己"加分"。

社 | 交 | 止 | 痛

那些身份、地位比你高，知识面比你广，资历也比你深的人，从一开始对你的期望就不会太高。因此，即使不能"技惊四座"也不要紧，想要得到对方的好感，你需要做的是，展现出一种"认真努力""勤奋好学"的态度。比如在对方谈论高深话题时，认真记录一些关键信息，如果有人注意到这一点，并向你展开询问，那么你完全可以大大方方地表示：

> "我才疏学浅，有些内容不太懂，所以想记录下来去查一查，毕竟这可是个学习的好机会！"

在倾听对方说话的时候，记住一两处比较重要的内容，在对方发表完自己的意见之后，适时地进行提问，你可以这样说：

> "刚才您提到一个观点……我觉得这个想法非常新颖，但其中有一些地方我不是很明白……"

复述对方的观点，可以让对方加深你一直在仔细倾听的印象，这样一来，即使你提出的问题，或是特意提炼出来的观点并不是那么有价值，也不会降低你在对方心里的印象分。

入职第一天，一个同事拉着我说道："你的包好贵哦，你家庭条件一定不错吧？父母是干什么的呀……"我真的要一一回答吗？

你的包好贵哦，你家庭条件一定不错吧？父母是干什么的呀……

完了完了，又遇到这种"查户口"的了……

痛 点 答 疑

初入职场，难免会遇到一些喜欢"查户口"的同事，他们打着关心和了解的旗号不断打探你的个人情况。面对这样的情况，要是有问必答，那无异于是傻乎乎暴露了自己的隐私；但要是生硬反驳，或直接不理会对方，那也不利于日后的相处。

其实，遇到这样的事情，我们完全可以通过一些模棱两可的回答，在保护隐私的同时，"堵"住对方的嘴。

1. 交浅不能言深，保护隐私最重要。

同事打探你的个人信息，很多时候其实就是在斟酌自己该以何种态度对待你。如果别人随便一问，你就把自己交代得清清楚楚，让人一摸就透，那么大概率很快所有同事就都知道你的底细了。

2. 三分真、七分假，回答问题不说准。

面对同事的打探，最好的说辞就是三分真、七分假，让人摸不透，才是最保险、最安全的。

3. 反问一句，以其人之道还治其人之身。

如果对方总是追着你问关于你个人情况的问题，那么你同样也能反问对方相同的问题，以其人之道还治其人之身，看看对方会如何回答。这样往来几次，想必对方就不想再继续打探你的信息了。

社 交 止 痛

当刚认识的同事打探你的隐私，比如家庭背景等私人问题时，如果你不想表现得过于保守，也不愿意透露太多细节，那么可以适当装傻，巧妙避开具体的细节描述。比如同事询问你家里人是做什么的，你可以这样回答：

> "哈哈，他们都很好，谢谢关心。"

如果对方依然不依不饶，想要追问更多情况，那么你可以告诉对方：

> "关于我家里的情况，那可真是太复杂了，恐怕几天几夜都说不清楚。其实，相比谈论这些，我对其他事情更有兴趣，比如最近公司在做的项目，似乎很有意思。"

含蓄又不失幽默的回答，可以帮助你保持一定的神秘感。如果同事知情识趣，那么也会意识到，你并不想过多谈论家里的情况。假如对方依旧不依不饶，那么你还可以反问一句：

> "那你家里是什么情况呢？我对你也感到十分好奇呢！"

第二章　可恶的洗脑者

——社交反击的技巧和方法

大学毕业那年，我想留在大城市打拼，父母却逼我回家考公务员，说这都是为我好，心疼我在外头太辛苦，不舍得离我太远……一边是梦想，一边是父母殷切的期盼，我到底该怎么办？

梦想

咱们都是为你好！

别了吧！还是让我自生自灭吧！

痛点答疑

　　很多人都遇到过这样的情况：当你想做一件事，你的父母、伴侣或朋友却不赞同你做这件事，或者是你不想做一件事，而你的父母、伴侣或朋友却希望你做这件事时，他们通常都会用一个非常万能的理由来"绑架"你，迫使你妥协，那就是——"为你好"。

　　如果你试图去反驳这三个字，那么一定是不会成功的，因为通常来说，"为你好"这个点是你无法反驳的，毕竟很多时候这的确是事实，而事实不容反驳。

　　你真正应该解决的，是沟通方法上的问题，你需要寻求一种更好的沟通方法来解决分歧。简单来说，有三个关键点：

　　1. 表示认同。

　　当对方说出"为你好"这三个字时，先表示认同，毕竟在大多数情况下，这的确是事实。而你的认同也能有效安抚对方的情绪，让接下来的谈话更顺利。

　　2. 理性沟通。

　　告诉对方你坚持的理由，用理性沟通的方式，把利弊讲清楚，让对方明白，你已经做好了充分的心理准备，可以接受一切后果。

　　3. 反向"道德绑架"。

　　反向的"道德绑架"往往能够取得不错的效果。

社交止痛

　　当父母说出诸如"我这么做都是为你好"一类的话时，你可以先对此表示肯定，比如：

> "是的，我当然明白，你们所做的一切都是为我好。"

你的肯定能在第一时间有效安抚他们的情绪，使他们冷静下来。接着，你就可以提出第二个问题，引导父母进入理性沟通环节了：

> "但是这样做未必就能得到一个好的结果，理由是……"

把你的想法和理由都说清楚，让父母明白，你想做的一切都是经过深思熟虑的。然后，你就可以放"大招"了，你可以反问他们：

> "难道你们不希望我开心吗？不希望我的人生少一些遗憾吗？"

最后，你得把他们拉入你的"阵营"，让他们觉得，你们是"一伙的"。比如你可以这样说：

> "无论什么时候，你们总是愿意把最好的一切都给我。正因为我知道你们是我最坚实的后盾，所以我才敢去拼搏，去冒险，去做我想做的事情。你们一定可以理解我，对吗？"

去医院看望男朋友的母亲，男朋友却要求我接下来一个月都在医院照顾他母亲，还说我是天下对他最好的人，可是我也有自己的工作呀！

宝贝，这里交给你了，我去上班了！

快去吧。

等一下，我也要上班呀！怎么就把你母亲安排给我了？

痛 点 答 疑

恋爱究竟应该怎么谈？很多女性或许都有过这样的困惑。事事计较，两个人的关系往往难以长久；但若是处处忍让，又容易让自己落于下风，导致对方得寸进尺。

事实上，恋爱与婚姻是有很多不同的。对于年轻人而言，恋爱更多的是追求开心，而婚姻中的责任与约束在恋爱阶段通常是不必要承担的。如果你的另一半对你提出超过界限的要求，那么你完全可以毫无负担地拒绝。

你需要明确一个问题：在一段亲密关系中，唯一能够说服你去承担一些超出界限责任的，只有心甘情愿的付出。除此之外，任何人对你的引导或指责都是一种道德绑架。

当然，如果你还想继续保持这段亲密关系，那么在表达拒绝的时候，你完全可以用一些比较委婉迂回的方式，提醒对方"你过界了"的同时又不会让场面过于尴尬。

1. 委婉拒绝，表示自己能力有限。

当对方提出过分的要求时，一定要先把拒绝的立场表达清楚，然后告诉对方，自己能力有限，无法承担这件事情。

2. 争取"外援"，利用父母施压。

当委婉的暗示无法解决问题时，可以适当争取"外援"，比如利用自己的父母来施压，让对方收回不合理的要求。

社 交 止 痛

当恋人向你提出不合理的要求，比如希望你放下工作去照顾他生病的母亲时，你可以这样拒绝：

> "抱歉，我很愿意为你做点什么，但这件事恐怕不行，我不是专业看护，不会照顾病人，万一出了什么事情，那我可真是不知道该怎么办了。"

把拒绝的原因归结于自己"不够专业"，担心把事情搞砸，而不是因为主观意愿上不愿意帮忙，这样也不会让对方下不来台。事实上，如果对方是一个明事理的人，这一次被拒绝之后，就应该认识到自己提出的要求有多不合理了。

当然，如果你的恋人并不是那么明事理，那么接下来，他或许会进一步向你施压，甚至变相地和他的家人一起向你施压。比如他可能会告诉你，他的父母希望你能帮帮忙，或者他希望你能在他的父母面前"表现"一下。面对这样的情况，你不妨这样告诉他：

> "我知道你希望我能在你父母面前留下一个好印象，但我也同样希望你能在我父母那里留下一个好印象。如果我真的放下工作去做这件事，那我父母知道以后，恐怕会对你有想法，你觉得呢？"

三 「你要这么想，我也没办法」

恋爱两年了，感觉男朋友回消息越来越不及时，我怀疑他不爱我了，忍不住和他吵了一架，他却说"你要这么想，我也没办法"，真的是我想多了吗？

通常来说，当你的伴侣说出"你要这么想，我也没办法"这句话时，无非有三种情况：一是默认事实，反正谎言已经圆不回来了，所以干脆直接放弃挣扎；二是懒得解释，干脆直接"躺平"；三是感觉无奈和失望，已经不知道该怎样解释了。

如果你希望这段感情能继续下去，同时又希望对方能理解这句话对你的感情伤害，那么不妨记住几个关键点：

1. 以退为进，先行服软。

当对方说出这句话的时候，无论是哪一种情况，都意味着对方已经进入拒绝沟通的状态了。这时候，继续咄咄逼人只会让情况变得更糟，最好的办法是以退为进，先服软，并进行自我检讨。

2. 话锋一转，表达感受。

以退为进的最终目的是"进"，因此，在自我检讨之后，你需要做的是，告诉对方你的感受，让对方明白，他的话语对你造成的情感伤害。

3. 角色互换，换位思考。

引导对方进行换位思考，用同样的方式"回敬"对方，如果对方是通情达理的人，那么他必然会主动反省。

"你要这么想，我也没办法"——这句话的杀伤力确实惊人，但你必须冷静下来，想要解决问题，就必须打破僵局，重新建立沟通。你可以这样说：

"如果是我误会了你，那么真的很抱歉。可我很希望你能告诉我，这件事我应该怎样去想才是正确的。"

先低头服软，让对方有台阶下。如果对方给出了积极的回应，那么就可以尝试沟通，让对方了解你的想法和感受。如果对方依旧没有给出积极的回应，那么你可以这样说：

"但亲爱的，你放弃和我沟通，甚至不在乎我的想法，这也让我感到很受伤。"

坦诚自己的感受，把自己放到"受害者"的位置，让对方明白，在他感到受伤的同时，你其实也受到了伤害。

最后，你可以询问对方：

"如果你是我，在遇到这些状况的时候，你会怎么想呢？"

让对方在你的引导下完成换位思考，当他懂得站在你的角度上思考问题时，想必你们之间的沟通也就不成问题了。

朋友总是有意或无意地开玩笑逗我玩，在一次联谊会上，她突然拿桌子上的饼和我的脸作对比，大家都好奇地盯着我的脸，我气得说不出话。

哈哈哈，你们看是不是很像？

这么大的饼还塞不住你的嘴！

痛 点 答 疑

朋友之间开玩笑原本是件正常的事情，但如果把握不好开玩笑的"度"，让玩笑变了味儿，恐怕被开玩笑的人就笑不出来了。这时候，我们需要做的是让对方知道，这样的玩笑并不好笑，反倒伤害了我们的感情。

很多人无法在朋友玩笑过度时及时说"NO"，可能是觉得朋友对自己很好，对方的玩笑也不是出于恶意，所以不该对其有所怨恨或表示抗议，否则会显得自己太"敏感"，太"较真"，甚至是"玩不起"。但事实上，我们需要明白一点：友谊并不该用忍耐来交换。我们压抑和隐藏自己的真实情绪，并不是在维护这段友谊，相反，是在破坏它。

1. 用幽默化解矛盾，提出抗议。

如果是在公开场合，朋友的玩笑让你感到不适，而你又不愿意把事情闹僵，那么可以尝试用幽默来化解矛盾，对朋友提出"抗议"，让朋友意识到这样的玩笑你并不喜欢。如果朋友拿你开玩笑是出于善意，那么在意识到你的反感之后，必然会有所反思。

2. 直接告诉朋友你的不满。

如果你的委婉抗议并不能改变朋友拿你开玩笑的行为，那么你可以在私下直接告诉对方你的不满。请记住，作为当事人，你可以大胆地相信自己的直觉，表达自己的感受。真正的友谊不是靠单方面的忍耐来维持的，如果一段关系让你感到不舒服，那么你需要做的，是割舍它，而不是忍受它。

朋友的"玩笑"让你觉得不舒服，但又不好当面和对方撕破脸，可以尝试用同样开玩笑的方式去反驳对方，让对方意识到你的不高兴。比如你可以这样说：

> "收着点儿，别表现得那么小人得志，不知道的还以为你就天天盼着找机会来贬低我，好增添你的成就感呢！"

这样既能借幽默指出事实，又能变相地提醒朋友，这样的玩笑已经让你感到不高兴、不舒服了。如果你的朋友实在迟钝，完全意识不到你的态度变化，那么不妨在私底下直接告诉对方：

> "你这样的玩笑有些过分了，伤害了我们的感情，以后不要再这样了。"

如果对方仍旧没有收敛的意思，甚至还责怪你"开不起玩笑"，那么你同样可以回敬回去，抓住对方的"痛点"去嘲讽他，等对方变脸的时候，再笑着告诉他：

> "我和你开玩笑呢！不过看起来你并不觉得好笑，其实对我来说也一样，有的玩笑确实不好笑。"

最近工作太忙了，忘了在平安夜那天晚上给妻子买"平安果"，妻子觉得我连这件小事都坚持不下来，说对我很失望，我真的不是个好丈夫吗？

痛 点 答 疑

"我对你很失望"，这绝对是一句令人十分沮丧的话，尤其是这句话从我们重视的人口中说出来时，我们会下意识去反思自己的错误，然后试图付出更多的努力，让渡更多的权利来补偿对方。

但事实上，这样的想法大错特错，如果我们真的这样做了，不仅无法挽回错误，反而会让对方得寸进尺。

现在，让我们来看看这句话的潜台词究竟是什么意思：

"我对你很失望"意味着对方给我们预设了一个标准，而我们没有达到这个标准，所以对方才会感到"失望"。

可问题的关键是：

1. 我们作为一个独立的人，为什么总要被别人给我们制定的标准、设立的目标牵着鼻子走？

2. 当别人给我们制定一个目标或标准的时候，对方又能给我们什么？对方是不是应该征求我们的同意？

所以，当听到"我对你很失望"这句话时，我们其实没必要急着否定自己，反思自己，而是要想一想，对方是否有资格给我们定标准？以及对方定的标准是不是我们能接受的？

想清楚了这些问题，我们的"反击"就可以开始了。

社 交 止 痛

"我对你很失望"这样的话通常会出现在我们搞砸了某件事情之后，虽然这未必全部是我们的责任，但考虑到当下的情况、对方的情绪，甚至我们与对方未来的关系发展等，我们首先应该做的是"服软"，主动认领自己的责任，安抚对方的情绪。

比如面对领导，我们可以这样说：

"非常感谢您对我的期待与信任，也很遗憾我没能让事情达到完美的预期。"

面对妻子，我们可以这样说：

"很抱歉让你感到失望，我理解你的处境和感受。"

好了，接下来，我们需要做的，不是反省或让步，而是"反击"，我们必须让对方明白，他们的"失望"并不是那么"理直气壮"。

我们可以这样对领导说：

"但意外总是不可控的，现在我们最应该做的，是积极调整心态，拿出专业水平来解决问题，而不是陷入情绪化，您说对吗？"

我们可以这样对妻子说：

"那么，接下来，你可以给我几分钟让我来倾诉一下我的疲惫和压力，让我从你这里得到一些支持与理解吗？"

与让步相比，示弱是化解冲突的好方法。

和同事合作一个项目，庆功宴上，对方拍着我的肩膀，一副志得意满的样子，说："这事儿要不是有我，你干不成！"明明我才是付出最多的那个人，我该怎么反驳他？

这事儿要不是有我，你干不成！

脸可真大呀！干啥啥不行，抢功劳第一名！

痛 | 点 | 答 | 疑

职场上，总会遇到这样一些同事，做事做得不多，嘴巴却特别能说，但凡做出成绩，那就是他的功劳，但凡出现问题，那铁定是别人的"锅"。对付这样的同事，可以从两个关键点出发：

1. 幽默反讽，指出对方的具体"功劳"。

如果对方直接当众"抢功劳"，而我们又不好当众驳斥，那么不妨先对其表示认同，然后把对方的具体"功劳"一一罗列出来，对其表示感谢，达到幽默反讽的效果，这样既能让别人知道真实的情况，又不至于直接"撕破脸"。

2. 另辟蹊径，把功劳分给所有人。

对方既然那么喜欢往自己脸上"贴金"，那么我们不妨把所有人都"拉下水"，把功劳分给每个人，让每个人都成为"既得利益者"。

社 | 交 | 止 | 痛

同事喜欢抢功劳，话里话外都在强调自己的贡献，既然如此，那么不如把他的贡献都具体宣扬一下吧：

> "确实如此，要不是有你天天陪着×总应酬，让咱们可以专心做方案，这个项目也不能进展这么快！"

这样的说辞既顺着对方的话头，肯定了对方确实"劳苦功高"，又巧妙地澄清了事实，周围的人一听，自然也就明白是什么意思了。

如果对方确实有一定贡献，但又喜欢夸夸其谈，往自己脸上"贴金"，那么我们可以这样说：

> "×确实是劳苦功高，如果没有他……这个项目也不会推进得这样顺利；同样，小×的贡献也是非常大的，如果没有他……我们不会这么顺利；还有老×，他为了……几天几夜没能睡个好觉……"

这样一来，每个人的功劳都提到了，公平公正。

领导总是在下班以后让我帮他做一些私人的事情，比如接孩子、送衣服到干洗店等，每次我稍微想推脱，他就一脸"恨铁不成钢"的样子教训我："这么不懂人情世故，离开我这儿，你都找不到工作！"

首先，你要明确一件事：职场上从来没有慈善家。如果你真的一无是处，完全创造不了价值，那么等待你的只会有一种结果，那就是出局。

所以，如果你的领导总是在嘴上打压你、贬低你，却又始终没让你出局，那么只有一种可能，那就是他试图通过贬低你来让你认为自己能力不足，从而勤勤恳恳、心甘情愿地多付出一点。

面对这样的情况，如果你并没有跳槽的打算，那么直接反驳对方显然不是明智的选择，但要是选择忍气吞声，无疑只会让对方变本加厉。到底应该如何应对呢？

1. 给对方"戴高帽"，侧面证明自己的价值。

领导贬低自己，不好直接反驳，那不妨给对方"戴高帽"，肯定对方的眼光和能力，那么对方选择自己，就说明自己是有价值的。

2. 自我剖析，保持头脑清醒。

面对对方的贬低，可以先顺着对方的话，来对自己做出一番"检讨"，然后再罗列出自己的优点和成绩，做一个简单的自我剖析，从而让对方意识到，你并没有被他洗脑，这其实也是在传达一个信号：想要留住我，只靠"嘴炮"是不行的。

作为一名职场新人，面对领导的"贬低话术"，你可以这样回应：

"领导，您的眼光那是一绝，否则也不能带领咱们公司蒸蒸日上。而我有幸能被您看中，在您手下混口饭吃，说明我也不差呀！至少赢过了那些被您拒之门外的人不是？"

把自己的能力价值、领导的眼光以及公司的发展捆绑到一起，这样一来，领导也就不好再继续贬低你啦。否则"回旋镖"转了一圈，不还得扎在他自己身上？而且，这话字里行间都是对领导的称赞，想必对方也找不到理由来对你发难。

如果你是在工作上出了一些纰漏，或是犯了一些错误，才被领导抓住机会贬损，那么可以这样回应：

"您说得对，这件事我确实处理得不够妥当。在……方面，我做得确实不够好，还有进步的空间。"

说完了自己的缺点和不足，就该说说自己的优点了：

"但在……方面，我自认为还是做出了一定成绩的，从上半年的业绩就能看出，我的工作能力并不比别人差。这一次的错误我会牢记在心，相信经过这一次的教训，我一定会比从前做得更好！"

表面上看，这一席话是在对领导表决心，而实际上，也是变相地证明自己的价值，用清醒的头脑成功反抗领导的"精神控制"。

孩子上幼儿园后，我想出去工作，老公却一脸嫌弃地说："你本来就不聪明，做事还笨手笨脚，又没有工作经验，谁会要你啊？还是安安分分待在家里吧！"我真的那么一无是处吗？

你本来就不聪明，做事还笨手笨脚，又没有工作经验……

那你还和我结婚，眼光可真够差的……

痛 点 答 疑

很多女性，尤其是在结婚后选择做全职太太的女性，都有过这样的经历：当你提出一个改变目前生活状况的想法，比如回归职场等，总会遭到丈夫全方位的语言打压，好像自己真的一无是处，蠢笨不堪。

男人说出这种打压式的语言，通常有两种情况：一种是真心对你感到嫌弃，认为你确实有这样或那样的缺点；另一种则是试图控制你，想通过这样的方式来打消你的念头，让你放弃某个决定。

那么，此时的你又该如何应对呢？

1. 坚持自我，相信自己。

无论是哪种情况，你首先需要做的就是坚持自我，不要被对方带节奏，去和对方争论自己是不是真的具备这些缺点。

2. 以牙还牙，让对方体会你的感受。

指出对方具备的种种缺点，当对方因此而暴怒时，再主动退一步，安抚对方，告知对方你被贬低和指责时的心情，让对方能够感同身受。

3. 说出彼此的优点。

你可以和老公玩一个游戏，互相说出对方的十个优点，通过这个过程来达成和解。

社 交 止 痛

走样的身材，邋遢的装扮，被孩子和灶台束缚的见识……当这一切为婚姻和家庭的付出，成为备受老公嫌弃的"实证"时，你应该做的不是低下头自惭形秽，而是理直气壮地昂着头，让对方看清楚烙印在你身上的每一处"勋章"。你可以告诉他：

> "就是这颗不够聪明的脑袋，每天绞尽脑汁地帮你和孩子安排好一切杂务；就是这双不够灵巧的手，每天都把你的西服熨烫得平平整整，把这个家收拾得整整齐齐；就是这个穿着邋遢的女人，帮你照顾父母，接送孩子，让你可以无后顾之忧地去工作。现在，你告诉我，你刚刚讲的那些话，是认真的吗？"

你必须让对方明白，你的一切"不优秀"，都来源于对婚姻家庭的牺牲，这样你才能立于不败之地。

接下来，你需要让对方体会到你受伤的情绪，让对方能感同身受地理解自己的话语究竟对你造成了怎样的伤害，你可以这样说：

> "谁没有缺点呢？你看你，脚臭、打呼、秃头……我嫌弃你了吗？"

打完这"一巴掌"之后，就该进入给"甜枣"的环节了：

> "因为除了这些缺点，我更懂得欣赏你的优点，你勤奋、踏实、努力、上进……你为这个家付出的一切我都看在眼里，记在心里。那我付出的一切呢，你看到了吗？"

这样的表达既能让老公了解你的感受，正视你的付出，又能让对方因为你最后的称赞而迅速平复情绪，并且在你的引导下一遍遍回顾你身上的闪光点，从而让婚姻关系更加和谐。

第三章 一见领导我就慌，这可怎么办

——职场达人要会"向上沟通"

刚进公司，就被老板揪着骂了一顿，听了半天才发现，这件事它不归我管啊！这顿骂挨得也太冤枉了，可看着老板怒气冲冲的脸，我该怎样提醒他呢？

老板好像骂错人了！唉！我好无辜！

明明没犯错，却被领导骂，替他人挨骂，的确很冤枉。忍了吧，很憋屈；反驳吧，领导正在气头上，恐怕更激怒领导。更何况，领导在地位上占据优势，又要威严和面子，直接指出他的错，反驳他，只会弄僵局面，对自己不利。

面对这种情况，如何正确地应对呢？

1. 静观其变。

不管是领导当众骂错你，还是单独骂错你，都不要急着解释，更不要反驳。安静地听着，也可以简短地顺着他的意思说，先等他的怒气消了，情绪稳定下来。

2. 弄清挨骂的原因。

领导骂错人，原因可能有以下几种：一是误解了你，认为这事与你有关；二是单纯地骂错了，领导因为怒气，一时冲昏了头脑；三是迁怒。

3. 事后委婉地解释。

等领导情绪稳定，或心情好的时候，委婉地解释，并给领导台阶下。

向领导解释"这不是我的错""这件事不归我管"是需要技巧和艺术的，而不是直接告诉领导自己没错，他骂错人了这么简单。太直接，可能会引起领导不满，让领导觉得丢了面子。我们可以私下到领导办公室，从别的话题引到这个话题，然后简短地、委婉地解释一下。

你可以这样说：

> "我这个项目接近尾声了，您看有什么建议……那个×项目的负责人是小王……"

点到为止，不要说自己多委屈，不要絮絮叨叨，否则适得其反。

领导认识到骂错人，会表示歉意。这个时候，你要真诚接受，并表示自己会避免犯类似的错误。

> "我们的工作也会有类似的疏忽，您的批评也让我警醒，我以后一定吸取经验教训，避免犯类似的错误。"

给领导台阶下，且端正工作态度，自然会赢得好感。

还有两分钟就要迟到了！一个箭步冲进电梯，抬头就和领导四目相对，这也太尴尬了吧！我是不是得说点什么？

溜走还来得及不？

痛 点 答 疑

电梯里遇到领导，尤其是内向、初来乍到的年轻人，免不了面临无话可说的尴尬局面。但实际上，与其沉默、刻意躲避，还不如大大方方地打招呼，找个合适的话题，这样才能给领导留下好印象，并为自己的职场发展打好基础。

以下几点是我们需要做到的：

1. 保持自然，大大方方。

不要慌，不要缩手缩脚，更不要刻意疏远或亲近。大大方方地走进电梯，站在一边就好了。

2. 注意电梯礼仪。

可以站在按键的位置，把中间位置让给领导，不要站在领导前面。可以询问领导要去哪个楼层，帮忙按电梯。如果到同一楼层，应礼貌地让领导先出电梯。

3. 选好话题。

聊领导的兴趣爱好，感兴趣或关心的话题。可以谈的话题也不少，比如天气、新闻、交通、工作等。

社 交 止 痛

与领导共乘电梯的时间最多也就三十秒，可以随机应变，根据自身情况选择相应的话题就可以了。

如果领导不认识你，这个时候，可以简短地进行自我介绍，可以这样说：

> "李总，您好。我是×部的×，今年七月初刚进入公司。"

若是领导主动和你交谈，那么领导问什么你大方地回答就好了。

如果与领导只是相识但不熟悉，可以打招呼后聊聊天气、交通，或赞美领导的服饰。可以这样说：

> "今天是周三，没想到堵车还这么严重，您没堵车吧？"
>
> "李总，这身衣服穿在您身上很显气质。"

如果与领导比较熟悉，了解领导的一些兴趣爱好，可以谈谈兴趣爱好方面的话题，还可以适当开开玩笑。可以这样说：

> "昨天晚上的欧冠，您看了吗？×队赢了一个球，所以您今天的心情肯定不错！"

举止得当，并根据实际情况寻找合适的话题，自然就不会尴尬了。

和领导一起到隔壁市出差，车程两三个小时。一个小时不到，我已经问了领导三遍"您喝水不"，唉，接下来的时间可怎么熬？我可以装睡吗？

很多人有一个误区，认为与领导共乘一辆车，就必须找些话来说，不能怠慢了领导。可实际上，没话找话，又没找对，是最尴尬的。

那么，我们如何正确地与领导进行交流呢？

1. 与领导交谈，找好话题的方向。

要投其所好，根据领导喜欢、感兴趣的东西来展开话题；要利用这段时间，适当表现自己，但不要抱怨，也不要过分夸耀；把工作放在第一位，及时沟通下一步工作需要注意的事项。

2. 避免聊天的陷阱，注意说话的分寸。

不仅要知道和领导说什么，还要知道不和领导说什么。虽然是私下，但也要注意不能聊以下内容：不谈同事的缺点或前领导的是非；不聊家长里短；不聊自己的功劳；不聊公司里的八卦。

3. 该闭嘴就闭嘴。

既然是出差，时间通常短不了，少则一两个小时，多则三四个小时。即便再善谈的人，也无法保证不冷场。再说了，长时间乘车，每个人都会感觉困倦。所以，我们没必要没话找话，该畅谈就畅谈，该闭嘴就闭嘴，才是最为得体的。

社 交 止 痛

想要避免没话找话的尴尬，就需要克服对权威的恐惧，让自己放松下来。同时要善于察言观色，知道什么时候该说话，说什么合适，避免一些陷阱话题。

一开始，为了活跃气氛，拉近与领导之间的关系，可以谈一些日常话题，比如领导感兴趣、擅长的事，或者出差城市的风景名胜、美食、风土人情等。可以这样说：

> "听说您对车有研究，您看，前面那辆车，好像是宝马X5……"
> "早听说到×地，必吃×。领导，您经常到×地出差，有什么推荐的店吗？"

出差办事，必然涉及公务。所以，我们可以谈一谈行程中的安排与接待问题，工作上如何配合，询问领导有哪些需要特别注意的事项等。可以这样说：

> "领导，听说这个王总比较难缠，我需要特别注意哪些问题吗？"
> "我第一次接触大项目，您能给我一些建议吗？"

同时，我们要时刻观察领导的情绪与反应。如果领导精神饱满，兴致正浓，就需要投其所好，寻找适合的话题。如果领导有一搭没一搭，回话不太积极，我们就应该选择闭嘴，不要再自说自话。可以这样说：

> "领导，还有一个多小时才到目的地，您要休息一会儿吗？"
> "领导，晚上还要和客户应酬，您需不需要闭目养神一会儿？"

讨论会上，领导提出了一个方案，因为其中存在一些问题，我和领导据理力争。会议结束后，领导突然拍了拍我的肩膀，说了句："年轻人挺傲气。"这是什么意思？领导是生气了吗？

年轻人挺傲气。

牛！连领导的方案都敢否！

我只是头不懂事的"小牛犊"，求放过啊！

痛 点 答 疑

提意见的时候，即便我们提的意见是正确的，但当众否定领导，导致领导在下属面前没面子，也就得罪了他。领导表面微笑着说出"年轻人挺傲气"这句话，实际上是在说"你是个刺儿头"，认为我们不尊重他，并对我们心怀不满。如果遇到心胸狭窄的领导，以后还会给我们穿小鞋。

所以，我们要尽量高情商地发言，避免得罪领导。一旦不小心得罪了领导，必须采取必要的补救措施。

1. 及时沟通，不让误解加深。

一旦发现自己因不妥的言语行为得罪了领导，必须第一时间说明情况、澄清误会，强调自己是无心之失，并不是故意与领导对着干。

2. 积极进行自我批评。

虽然我们是无心之举，但是的确顶撞、冒犯了领导，所以诚恳地道歉，适当地进行自我批评，是非常必要的。如果领导为了面子批评你，不管是私下还是公开，我们都要诚恳地接受，明确表达对事不对人的态度。

3. 直面问题。

如果明确自己的意见是正确的，要委婉表明自己会坚持己见；如果发现自己的意见不正确，要及时反省，承认错误。

社 交 止 痛

不小心得罪领导，事情可大可小。这个时候，逃避不能解决任何问题，反而会加重领导的不悦，所以我们必须第一时间进行补救。可以这样说：

> "非常抱歉，领导。我刚刚情绪太激动了，并不是故意顶撞您！"

接下来，要诚恳地道歉，进行自我反省，在其他同事面前给足领导面子。可以这样道歉：

> "领导，您还不了解我吗？我就是爱较真儿，有时较真儿得忘了分寸，请您不要介意！"

或者这样说：

> "虽然我是就事论事，但是情绪太激动了，冒犯了您。您大人有大量，不要放在心上。我以后一定会控制好情绪，避免犯类似的错误。"

通常情况下，领导都不是小气的人，只要我们及时表明自己不是故意顶撞，领导就不会生气了，也会大度地原谅我们的冒犯。

最后，我们还需要回到问题本身，思考自己的意见是否真正正确。如果是正确的，需要坚持主张，应该在私底下委婉地表达：

> "领导，关于那个方案，我还是和您的观点有些出入……"

如果发现自己错了，就及时承认错误：

"领导，我反复思考之后，发现我之前的想法有些偏颇……"

只要我们是为公司大局着想，直面问题，坦诚以待，领导自然不会计较。

开会的时候，领导把B组的方案投影到大屏幕上，然后突然点我的名（我是A组的负责人），问我觉得这个方案存在哪些问题，这不是让我得罪人吗？我该怎么答呢？

会议中，领导点名让你表态、提意见，这个时候，千万不要单纯地认为领导只是在征求你的意见。或许，领导只是想借你的口，说出反对意见，进而否定同事的方案。这种情况下，如果你夸夸其谈，直接点出几个问题，可能得罪同事。可若是对同事的意见大加赞赏，举双手赞成，又会得罪领导。

那么，这个意见是提还是不提呢？如何讲话才能明哲保身，两边都不得罪呢？

1. 摆正自己的位置和态度。

提意见的前提是，摆正自己的位置和态度，不刻意逢迎领导，不故意针对同事（尤其是竞争对手），要从公正、客观的角度来分析问题。

2. 从事实出发，选择性表达。

即便洞悉领导的想法，也不要直接提意见，可以采取先肯定后补充的方式，即从事实出发，对项目、方案进行专业性分析，肯定方案的价值、优势，然后再补充一些建设性意见。

3. 学会打太极，将问题抛给领导。

可以说一些"虚话"，比如，分析项目本身的价值，不评价方案本身的问题，把问题抛给领导。

职场中，有些意见可以提，有些意见则不能提，最起码不能直接提。领导让你给同事提意见，即便不是"挖坑"给你跳，但若你说话太直接，也会让同事没面子，以致得罪人。

不管你与同事关系如何，是否存在竞争关系，都需要摆正自己的位置和态度，尽量表现出公平、公正的态度。可以这样说：

> "这个项目是B组负责的，我不太了解具体情况，所以谈不上提什么意见。不过，领导让我讲一下，我就说一些关于市场大环境、竞品市场份额以及宣传策略的想法……我的想法可能不太成熟，还希望领导、老李（B组负责人）见谅。"

客观地阐述事实，也暗中表明其方案在竞品调查方面存在的问题，让领导默认你是站在他这边，也避免引起同事的不满。

如果领导继续让你提意见，那么你就可以采取先肯定后补充的方式，肯定其优点、值得学习的地方，然后再补充一些建设性意见。可以这样说：

> "我觉得老李的方案与时俱进，能考虑的地方都考虑到了。尤其新媒体这一块……不过，方案中提到的×问题，这样的处理方式，其他部门如何配合才能避免×问题呢？"

最后，适可而止，把问题抛给领导：

> "这个项目对我们公司来说很重要……我的个人建议难免有些不成熟，希望领导和老李理解。具体还要看领导的意见与想法。"

让领导把关键问题说出来，自己自然也就安全脱身了。

好烦啊，手头的工作还没做完
领导又安排了新工作，还要求这周
必须做完，时间上根本来不及啊，
我该怎么拒绝他呢？

把这些小问题也一并处理完，下周一交给我。

"小"问题？这是对"小"有什么误解吗？

面对领导的不合理安排，比如过多的工作任务，超出能力范围的任务，或分外的工作……如果硬着头皮接受了，结果不用想，自然是一阵手忙脚乱之后，把工作搞得一团糟，让领导不满。就算这次顺利完成，下一次领导可能还会变本加厉，做出更不合理的安排。到时候，受苦的是自己。

面对这种情况，拒绝是必要的，关键是你应该如何巧妙地拒绝。

1. 说出难处，指出困难。

领导给你较难的任务，或安排过多的工作任务，有可能是信任你，也有可能是强人所难。不管怎样，你都需要明确地拒绝，先感谢领导的信任，再说出自己的难处，委婉拒绝。

2. 巧妙利用"拆屋效应"。

"拆屋效应"，简单来说，就是领导让你去拆一个屋顶，你做不到，你可以对领导说"我可以为您开一扇窗"，即摆出困难，然后提出一些条件，比如找搭档、要资源等。这样一来，你的答案虽然未满足领导的预期，但是也可以让他勉强接受。

3. 先应承下来，然后找到合适的机会，表明这件事的不可行之处。

前提是，需要做出理性分析，不能让领导认为你是消极怠工，为自己的不敢担当找借口。

不拒绝不合理的安排，是有很大风险的。完不成任务，轻则让领导不满，说你能力不行，重则耽误大事，造成极大的损失，可能面临被处分、降职甚至是开除的后果。因此，面对领导不合理的安排，一定不能逞强，也不要不好意思拒绝。

如果你有难处，真的无能为力，就一定要及时拒绝。可以这样说：

> "谢谢领导信任我，把重要的任务交给我。不过，我手中还有×工作，已经需要加班加点了。这个新工作，我实在完不成……"

点明困难，让领导知道你真的无能为力，而不是推卸责任。

提出困难的同时，你可以委婉地提出一些条件，向领导要一些资源、人力来协助自己。具体说辞可以是这样的：

> "领导，您知道我手中还有×项目未完成。这个新任务，您可以交给我，不过我可能需要两个帮手，帮我整理资料、联系客户。"

如果领导仍坚持让你做，可以明确指出后果，给自己留余地。可以这样说：

> "我可以尝试着去做。不过，两个任务同时推进，时间肯定不够，您可以多给一些时间吗？"

或者不要硬着头皮接下"烫手山芋"，而是巧妙地拒绝，既不得罪领导，又能及时解决问题，这才是聪明的选择。

领导让我去办公室谈工作，本来谈得好好的，却突然问我"有没有男朋友？""男朋友是干什么的？""一个月能赚多少钱？"这开还怎么聊得下去？

痛 点 答 疑

领导突然关心你的私生活，没必要那么紧张，也不要胡思乱想。冷静下来，弄清楚领导的用意是什么，再见招拆招就好了。

其实，领导关心下属的私生活，无非有以下几个原因：

1. 纯粹尬聊，向下属展示自己的亲和力。

在这种情况下，想说的就说，不想说的委婉拒绝就可以了。拒绝的时候，可以巧妙地运用幽默话术，既活跃气氛，又拉近距离。

2. 很热心，为你介绍对象。

首先感谢领导的好意，委婉且坚定地拒绝，不要犹犹豫豫，免得领导认为你是不好意思、害羞了。

3. 暗示你工作状态不如之前，或是想给你压力，交给你别人不愿意接受的任务。

这时候可要小心了。回答的时候要谨慎，要有技巧，表示不会因私人生活而影响工作，或者含糊回答，不过多谈及家事，尤其是经济困难等。

社 交 止 痛

领导和你尬聊，问到你的私生活，而你又不想回答时，可以这样说：

> "领导，还是让我保持一点神秘感吧！有秘密的女人／男人才更有魅力。"

不失幽默的拒绝，既不会伤害到领导的面子，又能委婉地表达自己不愿谈论这个话题。

如果领导是想给你介绍对象，故而询问你的感情状况时，要是你已经有对象了，可以痛快地回答：

> "领导，我有男／女朋友啦。不过，还是感谢您的抬爱，您愿意帮我介绍男／女朋友，说明您信任我、欣赏我，我真是太高兴了！"

感谢的同时，赞美了领导，就算领导没有达成心意，也会心情愉快。

如果你没有对象，且不想被"乱点鸳鸯谱"，可以这样说：

> "领导，我进入咱们公司时，就发誓5年内一定要升职加薪。对象什么的，只会影响我'制霸'职场的脚步！"

幽默拒绝的同时，还表达了对工作的重视，也不会让领导反感。

如果领导似乎"别有深意"，而你又一时拿不准他的真实意思，可以这样说：

> "领导，您怎么突然关心这个，是不是有什么事情想对我说呀？"

先避开回答，直接询问领导的意愿，这样也能给自己留条后路。

刚做好手头的表格，领导突然发来一条消息，让我把做好的东西交给他，我把表格给他之后，他发来一串省略号，说他要的是上周的PPT，还责备我听不懂他说话，这也能怪我吗？

我是要这个吗？跟你说了那么多，你咋就听不懂呢？

一共就说四个字——"东西给我"。这谁能听得懂？

领导下达一些模棱两可的指令，然后还把过错归咎于下属"听不懂""办不好事"，这确实很让人恼火。可是，作为下属，你又不能直接与领导争辩，更不能直接说"明明就是你没有说清楚"。

那么，遇到这种情况，应该如何去应对呢？

1. 直接问，有技巧地提问。

可以直接向领导提问，看自己是否理解得正确。当然，提问也是有技巧的，不能直接说"我没听明白，您能再说一遍吗？"

2. 复述领导表达的内容，进行确认。

如果领导有说不清的情况，那么当领导下达命令、交代任务时，你可以复述一下领导表达的内容，与领导确认一下。

3. 被错怪，不要与领导争辩。

给领导留面子，先不急于解释。等到恰当的时机，再委婉、迂回地表达自己的委屈。

很多时候，领导会犯指令不明、说话含糊的错误，但是他们又意识不到。遇到这种情况，最忌讳的就是揣测领导的用意。揣测对了，算你幸运；要是错了，就免不了被批评。所以，确认领导的指令，是最为重要的。你可以采取直接提问的方法，比如：

> "领导，您是要我昨天做好的表格，是吗？"

或者：

> "领导，您是要昨天的表格还是之前的 PPT 呢？"

如果你说对了，领导自然会确认；如果说错了，领导则会给出正确答案。

同时，你也可以复述领导的指令。比如，领导给你的方案提了几点意见，而你又对其中几点不太确定，那么就可以复述一下领导所说的内容，可以这样说：

> "领导，感谢您的宝贵意见。您看，我从以下几点进行修改……可以吗？"

向领导确认之后，自然就不会出现差错了。

如果已经出现差错——你领会错了领导的指令，可以这样说：

> "对不起，是我理解错了。以后一定及时向您确认，避免犯类似的错误。"

或者：

> "对不起，我应该向您进一步确认的。"

即便领导下错了指令，也不要直接与领导争执，而是要给领导留面子，事后再委婉地表达。

第四章 饭局应酬，你只会当"干饭人"

——全面掌握饭局"潜规则"

公司团建聚餐，大家三个一群两个一伙儿地聊得好开心，我在角落里剥了两盘虾，都没有一个人来和我说话，作为"透明人"，真的好无奈。

公司聚餐，不能只当"干饭人"，更不能把自己当"局外人"。大家都在谈笑风生，你却躲在角落里，别人会以为你喜欢安静，不想加入聊天；别人都在谈论着什么，你却低头"干饭"，别人会以为你很饿，进而不好意思打扰你。

因此，成为"透明人"，很可能是你自己的原因，是你给了别人错误的信息。更何况，内部聚餐，目的是放松身心、联络感情，过于敏感，一味等着别人来招呼自己，就显得矫情了。

面对这种情况，我们只需做到以下几点就可以了。

1. 关注他人，不能只低头"干饭"。

饭局上，你需要适当地应酬，关注他人的谈话甚至是一举一动，好在适当的时候加入话题。

如果只知道埋头"干饭"，不知道别人聊什么、做什么，自然就插不上嘴，加入不进去了。

2. 放开一些，积极融入进去。

既不要太拘谨，也不要太被动。放开一些，没人找你说话，你就找别人说话。就算你比较内向，感觉有些放不开，也要刻意练习。找身边熟悉的同事聊聊天，说说话，或者参加一些集体游戏，都比干坐着当"透明人"强得多。

饭局上，不想当"透明人"，就应当积极主动一些。就算不四处应酬，也应该积极加入聊天、游戏。就算做不到滔滔不绝，也应该适当插上几句话，让人知道你的存在。

别人谈论有趣的事，你可以这样插话：

> "真是太逗了！我也遇到过一件有趣的事……"

简单明了，不抢话，不啰唆，自然能得到别人的回应。

别人谈论某个明星，你可以这样插话：

> "我也很喜欢她，看过她演的……"
>
> "我不太熟悉这个明星，听你这样说，觉得她还挺有魅力的。她有什么出色的作品吗？我也去看看……"

如果几个人聚在一起，没什么话题，或一个话题已经聊完，可以找一些大家熟知的、喜欢的话题。比如：

> "马上到国庆节了，你们准备去哪里玩？"
>
> "我前两天买了鱼竿，刚用一次就出现问题了，正好向你们请教一下……"

如果等你"干完饭"，发现别人正聊得欢快，可以"厚脸皮"一些，主动凑上去，加入话题。当然，你需要先倾听，弄明白别人在聊什么，等到恰当时机再加入，不能随意插话、抢话。

约朋友吃饭，朋友问能不能喊几个人，我同意了。结果，一个拉一个，硬生生把小聚会"攒"成了大宴席，看着满桌的陌生人，我陷入了沉思……

我就叫了小王，结果小王又叫了小韩过来，小韩当时和小李在一块儿……

呵，小聚餐直接变大宴席，我还是赶紧溜了吧！

痛 点 答 疑

约朋友吃饭，朋友却喊来一群人，且个个都是你不认识的。这往往有两种可能性：一是朋友请客，想把别的朋友介绍给你；二是这个所谓的朋友就是把你当作"大冤种"，用你的钱来招待朋友。

现实生活中，后者的可能性大一些。面对这种情况，你可以有两种选择：

1. 磨不开面子，忍着不痛快招待这群人。

这样的做法，既伤了自己的钱包，又让自己内心别扭、气愤，而且还可能被那群人嘲笑，得不到一点好处。

2. 不必在意所谓的"友谊"，让自己巧妙脱身。

既然所谓的朋友对你并不真心，那么你也不必在意"友谊的小船"是不是翻了。淡定地看着他们表演，然后找合适的机会脱身，才是正确的选择。

当然，脱身之后也不必撕破脸，委婉地表达自己的不满就可以了。

社 交 止 痛

朋友把自己当作"大冤种"，你也大可不必委屈自己。但是直接撕破脸，也是没有必要的，你可以找借口让自己脱身，比如以买烟为借口等。可以这样说：

> "小张，你先招待这些朋友，好好点菜。我看饭店没什么好烟，我到隔壁的烟酒店买条好烟……"

或者，找到合适的时机，借着上厕所、催菜等借口来脱身。

脱身之后，可以通过微信、短信的方式，告知对方自己已离开，并表达不满。

> "今天，本来是想跟你叙叙旧。但是，见你和朋友们谈得欢快，我又插不上嘴，所以就不打扰你们了。既然之前说我请你吃饭，也同意你拉之前的那几个人来，那么，我就不能食言，所以，我已经支付了我和你以及之前那几个朋友的钱。不过，后来的那群人都是其他人拉来的，和我没任何关系，所以我不会为他们买单。祝你们吃得开心！"

有理有据，表达应该是自己付的钱，就痛快地支付；不应该自己付的钱，就不会当"大冤种"，让所谓的朋友知道自己的底线。

如果对方自知理亏，你也没必要说什么了。如果对方强词夺理，责怪你小气、不该临场逃跑，甚至要求你支付所有的钱，那么也就没必要留什么情面了。可以直接拒绝，并戳穿他：

> "我是不会为陌生人买单的。还有，我拿你当朋友，你拿我当'大冤种'，这让我很不满！以后，我不会再跟你联系了。祝好，再也不见！"

下班刚回到家，朋友就打电话来，叫我去赴个饭局，电话那头吵吵嚷嚷，似乎已经有了不少人，再看时间，刚到饭点，感情这是拉我去凑数呢？我到底是去还是不去呢？

痛点答疑

按照规矩，邀请他人参加聚会或饭局应该提前通知，最起码要提前一天。

所以，朋友当天或临时通知你参加聚会、饭局，通常不是真心想和你聚一聚，而是另有目的，你应该具体情况具体分析：

1. 单纯不被重视，被拉去凑数。

面对这种情况，傻呵呵地前去，只会沦为陪吃陪喝的角色，甚至被人看不起。所以，千万不要着急地说"好的"，而是要学会拒绝。

2. 临时让你陪重要客人。

如果是商业饭局，朋友请重要客人吃饭，找你是为了救场，且这个客人也可以成为你的人脉，那么就没必要拒绝。

3. 真正的朋友，拉你去救场。

如果是真正的朋友，没拿你当外人，遇到需要救场的情况，只信任你，那么你当然需要及时赶到，且必须全心全意支持朋友，帮朋友撑住场面。

社交止痛

对于单纯被拉去凑数的饭局，你通常可以选择拒绝，但是，也不要直接说"我没时间，就不去了"。聪明的做法是不明说不去，而是委婉地拒绝。比如：

> "很感谢你的邀请！不过，我有其他安排了。改天吧！改天我请客！"
>
> "谢谢邀请。我很愿意和你聚聚，我们已经有好几个月没见面了！但很遗憾，我手头有很重要的事情要办。咱们以后有机会再聚，可以吗？"

当然，找的借口要合情合理，让对方找不到破绽。可以这样说：

> "非常抱歉，孩子身体有些不舒服，需要到医院检查……"
>
> "不好意思，我正在加班。明天有个重要方案要提交，领导需要与甲方进行对接……"

如果对方发信息给你，你可以假装没看到，等到饭局快结束时，再打电话过去，表示自己没有看到信息，很遗憾没能参加。如果对方打电话过来，可以假装先答应，等过半小时或者一个小时再打电话过去，然后这样说：

> "实在抱歉！我路上接到老板的紧急电话，说客户着急要修改方案……忙了一阵儿，才想起给你打电话……"

既然对方不是真心邀请，那么也不会在意你没能参加。道个歉，事情就可以轻松过去了！

公司聚餐，我最后进包厢，抬眼一看，只有领导旁边还剩个空位，好家伙，我一个小新人，这位子能坐吗？我到底该怎么办呀？

坐在那个位置上肯定会如坐针毡啊……我不配。

痛 点 答 疑

领导旁边只有一个座位，而你作为未落座的员工，面临的问题就不是"坐还是不坐"，而是怎样大方地坐下去，且能轻松自如地与领导交谈，给领导留下良好的印象。

试想，不坐那个位置，你又能坐哪里呢？和其他同事换座位？且不问人家愿意不愿意，这不是让领导难堪吗？而如果你扭扭捏捏地落座，也会给领导留下不好的印象，让他认为你不够大方。更重要的是，这些都是失礼的行为。

所以，面对这种情况，需要做到以下几点：

1. 大方落座。

微笑，自然地打招呼，不必紧张，也不用刻意套近乎，做到有礼有节就可以了。

2. 席间，遵守饭局礼仪。

不玩手机，安静吃饭。该礼节性地倒酒、递茶、转菜时，大方地做好就可以了。

敬酒的时候，要说一些感谢照顾、提携之类的话，再简单表态就可以了。

不能太刻意讨好，否则有奉承的嫌疑。也不要过多谈论工作，更不要一味表忠心、说成绩。

3. 巧妙回话，不让领导尴尬。

面对领导的询问，不要只用"嗯""是的"回答，否则给人敷衍的感觉。尽量回答得有技巧，展现自己的幽默和情商。

学点场面话，不让领导的话落地上，造成冷场和尴尬。

其实，能坐在领导旁边，是你接近领导的好机会。如果能表达得当，可以给职场生涯带来"好运"。

落座的时候，可以大方地恭维一下，表示能坐在领导身边是自己的荣幸。可以这样说：

"没想到大家把最好的位置留给我，太感谢啦！"

"哎呀！我真是太幸运了，能坐在领导的身边！"

轻松幽默的语言，可以活跃气氛，给领导和在场的人留下好感。

如果领导不认识你，或对你不熟悉，落座后，可以简单地进行自我介绍：

"领导，我叫×，×部门的，以后承蒙关照和指点。"

敬酒的时候，要遵守礼仪，该自己敬酒的时候再敬酒，不要出风头，不要在主管、前辈之前敬酒。敬酒时，可以这样说：

"领导，我是新人，能进入咱们公司，和领导以及诸位优秀的前辈学习，感到非常荣幸！之后，我一定努力工作，多干活、少出错……"

也可以适当恭维一番：

> "领导，我上学时老师讲了您做的一个项目，就是×项目……之后，我拼尽全力来到咱们公司，就是为了向您学习。今天，我要敬'偶像'一杯！"

如果领导向你敬酒，并夸奖你"高才生""前途不可限量"，一定要巧妙地回应，不要只说"谢谢""哪里哪里，您过奖了"，可以这样回话：

> "哪里哪里，我是新人，什么都不懂，还要靠领导的栽培和提携！"
>
> "感谢领导的夸奖，也感谢公司给我的机会。之后，我一定努力工作，不辜负领导的信任和期待！"

喝开心了，有些得意忘形，正当我讲得眉飞色舞时，旁边的同事悄悄拉我的衣服，说道："兄弟，你倒是收敛点儿啊！今天是领导的生日聚会，太喧宾夺主啦！"

兄弟，你倒是收敛点儿啊！今天是领导的生日聚会，太喧宾夺主啦！

痛 点 答 疑

喧宾夺主，是饭局应酬的大忌。

不管是日常聚会还是商业饭局，通常都有一个主题，比如，庆功、庆祝生日、求人办事、答谢客户等。这时，所有人最好都围绕着主角和中心话题来说话。即便不恭维、讨好，也千万不能喧宾夺主。否则，只会让主角不满，给自己招来麻烦。

饭局上，以下都是喧宾夺主的行为：

1. 只顾着自己表现，滔滔不绝地讲话，或抢着说话，打断别人讲话。

2. 胡乱敬酒、劝酒，过于张扬。

3. 领导招待客户，你却越过领导，抢着与客户交流、敬酒，把领导晾一边。

4. 穿得比主角更招摇，抢了主角的风头。

5. 坐错了位置，坐到主位上。

那么，如何才能避免喧宾夺主呢？

1. 懂得饭局上的规矩，弄清楚自己的定位。

2. 注意自己的言行，说该说的话，做该做的事。

3. 克制自己，避免过度饮酒导致的忘乎所以。

社 交 止 痛

那些喧宾夺主的人，很大可能会引起领导的不满甚至是记恨，给自己招来麻烦。轻则被疏远，严重的话很可能被穿小鞋、被针对。

对于得意忘形、过于表现自己的行为，你要及时刹住车，化解尴尬。

首先，需要真诚道歉，表示歉意。

> "对不起，我喝得有点儿多，所以有些飘了。"

再运用幽默自嘲的方法来化解尴尬，可以这样说：

> "哎呀，我说我刚才怎么有些晕乎乎的，原来又飘得太高了！大家不用管我，让我摔一下就好了！"

假装摔一下，再向领导道歉，或许就可以让领导原谅你的冒昧。

大家喝得正开心，女朋友电话一个接一个地催，我也想提前走，可又不想扫大家的兴，我该如何开口？

今晚不醉不归，谁也不许走！

领导和老婆，到底谁更可怕……

饭局上，提前离席是可以的。但要尽量做到有礼貌、守规矩，既不让领导不满，也不影响气氛。

想要做到这一点，那就应该避免以下几种行为：

1. 大张旗鼓，与所有人一一告别。

除非你是主角，或重要陪客，否则就不要大张旗鼓。况且领导刚说完"谁也不许走"，你就当着所有人的面说要走，岂不是驳领导面子，让他下不来台？所以，私下与领导打好招呼，说明理由，就可以了。

2. 悄悄溜走。

中途离席，没必要大声告知所有人，但也不能悄悄溜走。这是不礼貌的行为。

3. 询问其他人是否离开。

千万不要询问旁边的人或要好的同事是否一起提前离开，即便他也想早退，并向你透露这样的想法。

其实很多人都是不喜欢应酬的，经你这样一问，几个人都离开，让原本热闹的场面变得冷清，或不得不提前散场，必然让领导产生不满。

4. 在不合适的时机离开。

千万不要在领导或同事正讲话的时候离开，也不要在领导或同事向你敬酒的时候说要提前走。

饭局上，提前离席的情况下，告别是必要的。关键在于如何高情商地说话，既达到自己的目的，又不会让领导对你产生不满。

首先，我们要将理由说出来且要充分。可以这样和领导说：

> "领导，实在不好意思。刚刚女朋友给我打来电话，说心脏有些不舒服／家里电器短路了。我有些不放心，您看，我可以先走一会儿吗？"

一定要委婉，征求领导意见，等领导同意再离开，而不是直接告知"我要离开！"领导同意后，可以表示感谢，或敬领导一杯酒。

> "感谢领导的体谅，下次聚会，我一定陪您喝个痛快！"

或者：

> "真是太感谢领导了！离开前，我敬您三杯，以示歉意！我就不和大家打招呼了，以免破坏气氛！祝您和大家喝得尽兴！"

然后，安静离开就可以了。

如果有同事询问，可以找个借口，不必直说，可以说：

> "我去卫生间。""我催服务员拿水。"

不要引起太多人注意，不要在告别上花太多时间。

"关于上次那件事……""我知道，我知道！就是那个小刘……"这已经是她第三次抢我的话了，真的很让人生气，我该怎么对付这种讨厌的抢话者呢？

痛 点 答 疑

饭局上，你要善于表达，但永远不要急着抢话，抢话是一种无礼的行为。你刚说一个话题，他就马上抢过来，滔滔不绝地说起来；你正谈论某件有趣的事，他过来就打断，把话题扯到自己身上，大谈特谈。

爱抢话，与不会说话、说话直一样让人厌恶。通常来说，爱抢话的人具有以下几个特征：

1. 不尊重他人，以自我为中心。

很多讨人嫌的抢话者，以自我为中心，不尊重他人，完全忽略他人的感受，也不在乎自己的行为是否冒犯了他人，总认为自己的观点是最正确的，别人的看法不值一提。

2. 缺乏耐心，性子急。

一些性子急的人也喜欢抢话，觉得别人说话慢、说得不清楚，就着急地把话头抢过来。

3. 不善于倾听。

抢话者缺乏倾听的能力，不具有倾听的意识。

社 交 止 痛

抢话者是讨人嫌的，谁也不想被他人抢了话头。一旦被抢了话头，就如鲠在喉般让人难受。遇到这样的情况，忍耐不是好办法，只会委屈自己，还会让对方变本加厉。那么，如何才能避免被抢话呢？

如果对方急着说你想说的内容，你可以强硬些，客气又不容拒绝地把话抢回来，可以这样说：

> "不好意思，老李。我话还没说完，请您稍等一会儿。要是我说得不完全，您再补充，可以吗？"

或者幽默地说：

> "不！你不一定知道哦！"

如果对方打断你的话，把话题扯到自己身上。你可以等他把话说完，然后把话头再抢过来，讲完自己的话，可以这样说：

> "嗯，您说得很有趣。不过，我之前还没说完……"

如果对方在你分享见解的时候，抢过去说自己的主张，你可以这样说：

> "谢谢，老李。我想绕回去，说完我最后一部分的内容，因为这对于讨论很重要……"

自信、自然地绕回去，不仅把自己想说的话说了，还提醒大家你被对方打断了。

同事是个"万事通"，还是个"臭显摆"，总是以一副高高在上的样子"指点江山"。瞧，又要来纠正我的发音，告诉我"LV"的全称怎么读，真的好想反驳她啊！

爱卖弄的人，通常虚荣心强，自信过度，对别人嗤之以鼻。在他看来，别人的话总是太肤浅，自己会讲得明白一些；别人讲错了，自己就得纠正，得让别人知道错在哪里。

换句话说，他认为自己比任何人都聪明、都有见识，所以，总是想借机卖弄，以便实现炫耀自己、贬低别人的目的。

遇到这样的人，要注意以下原则：

1. 保持冷静，正常对待。

爱卖弄的人，无非想让别人崇拜他、羡慕他。当他卖弄的时候，我们用平静的神情和语气来应对，他的热情就会被浇灭，没了继续卖弄的欲望。

2. 不着急，不争论。

不管他说得对不对，都不要着急，不与他争论，不表现出不满。次数多了，他便识趣了。

3. 幽默地反驳。

可以反问或说反话，也可以故意自嘲来讽刺和反驳，暗示他的卖弄。

社|交|止|痛

遇到爱卖弄的"万事通"，我们千万要按捺住想争辩的冲动，因为这只会激起他的表现欲。最好的办法是巧妙地冷处理，减少他的自我良好感，浇灭他的热情。

可以这样说：

> "嗯，你说得对！"
>
> "哦，知道了。"
>
> "嗯……嗯……"

最简单的做法，表示认同，让对方挑不出毛病，而且，也让对方知道我们对她／他的话不感兴趣。如果对方继续滔滔不绝地卖弄，则可以巧妙地反驳。比如：

> "既然你这么了解 LV，你肯定买了不少 LV 的包包和衣服吧？拿来给我们长长见识吧？"
>
> "既然你这么了解 LV，那我请教一个问题，第一款 LV 的包包或衣服是什么时候制作的呀？"

如果能提出对方回答不上来的问题，那就更好了。

还可以这样说：

> "你说得对。不过，就算会读，能买得起吗？"

一语双关，自我解嘲，也讽刺对方。

> "没错，我不像你，如此博学！"

怀着"敬意"，突出对方的"英明"，让她／他好好领会其中的含义。

第五章 "老同学"还是"最熟悉的陌生人"

——同学聚会的社交法则

最近工作不顺利，心情也不好，老同学打来电话说好久没见面了，一定要聚聚，但我真的没心情去。

"必须出来聚一聚，就咱几个老同学，都多少年没见啦！"

老同学聚会，到底去不去？其实，这得视情况而定。

具体可以分为以下两种情况：

1. 关系好，且时常聚会。

如果参加聚会的同学关系不错，平时也有联系，聚会只是为了叙旧，当然要去了。

2. 关系普通，平时没联系。

如果同学几年没联系，而你又混得不算好，觉得聚会是一种负担，那么就大可不必去了。因为，这类聚会通常不只是叙旧，更多的是混得好的人为了炫耀自己，也是"有心人"拉关系、巴结人的场合。

社 交 止 痛

很多时候，老同学之间的情谊并不是很深，饭桌上要么互相吹捧，要么明嘲暗讽。这种情况下，拒绝参加是最好的选择。

但是，面对老同学的热情邀请，直接拒绝显得不礼貌，也会给人留下"不讲情义"的话柄。所以，委婉拒绝，找到不得罪人的借口才是关键。你可以先表示出很想去的样子，询问聚会的具体日期，然后再话锋一转，表示自己当天已经有了重要的、不好推脱的安排。可以这样说：

> "是呀！我们好几年没见面了，我也很想和大家好好聊聊……具体日期是哪一天？啊？真是不凑巧，那几天我得和老婆回娘家，已经和老人家说好了……"

表现出想去又去不了的失落，对方自然不会介意，反而还会安慰你。可以先下手为强，表示已经答应别人的邀请。

> "是呀，我们好久没好好聊聊了。咱们聚会在哪天呀？除了×日我要陪客户吃饭／参加别人的宴会，其他时间都没问题。"

先发制人，让对方没办法生气，也没办法强求。当然，前提是你已经通过其他渠道，知道了聚会的准确时间，否则就不能先发制人。

还可以暂时答应，但不给出确切答复，表达那天很忙，可能会晚到。

> "我尽量参加。不过，最近手头有一个重要项目，时间紧、任务重，每天都加班到八九点……我得忙完了才能过去，应该会晚些。"

等到那天，估计聚会快结束的时候，再打电话过去，表示歉意。

> "实在不好意思，我刚忙完工作。你们喝得怎样了……既然已经快结束了，我就不过去了。"

有了之前的铺垫，对方也就不会责怪了。

同学聚会，班花小张姗姗来迟，一身贵妇打扮，言谈间不是自己老公家多有钱就是自己去了哪哪儿旅游，她攒局就是来炫耀的吗？

前阵子和老公去了迪拜，去过几次了，有点儿没意思……

听不下去了，能不能让她停下来？！

痛 点 答 疑

很多人喜欢把聚会当作自己的"炫富会"，一个劲儿地炫耀自己多么有钱、车子多么豪华、衣服是什么品牌……面对这种情况，保持平常心就好了。

1. 不要羡慕和嫉妒。

嫉妒是人的本能和天性。面对他人的炫耀，我们应该知足常乐，看到自己的幸福。

2. 不给他任何回应。

炫富，无非想让人夸奖、吹捧，我们不给他回馈，他说着说着就感觉没劲了，没劲了就不会继续炫耀了。

3. 高情商地反驳。

有些人炫富，只是虚荣心强。有些人炫富，则带着一种对他人的贬低、看不起，甚至是讽刺。面对后者，就需要巧妙地反驳，让其收敛。

社 交 止 痛

面对适当炫耀的同学，我们需要保持同理心，冷处理就可以了，没必要不给别人面子。但是，如果有人在众人面前矫情、炫耀起来没个度，还不时地向我们询问，受不了的时候，我们可以简单地回敬一两句。

比如，用"嗯，是的""还行""是吗"等敷衍的语言去回应，让他知道我们对他炫耀的东西不感兴趣。

如果对方炫耀的时候，还明里暗里嘲讽、贬低我们，其实，我们就没必要顾及什么情面了，可以高情商地反驳，可以这样说：

> "听人说，情商很重要。情商很重要的一点是，我知道我比你富，但我永远不会说我很富……"

或者夸张地称赞，夸得越离谱越好。比如：

> "真羡慕你！你老公家就是超级富豪，一定能和马云、比尔·盖茨比肩……"

含沙射影，委婉地回敬，让对方知道我们的不满，但又不好发作。

还可以采取劝导式的反驳，让对方知道我们并不在意，让对方觉得"重拳打在棉花上——没什么成就感"。可以这样说：

> "是的，有些地方听着很好，但去了之后就感觉没意思。要我说，你还不如好好在家待着，又轻松又不被忽悠，是吧？"

打着为对方好的名义反驳，让对方无法反击。

深夜，在朋友圈发了条伤春悲秋的文字，很快收到老同学的点赞和问候，心里感动不已，如果对方能适可而止，不要一直追问细节就好了，这种"过度关心"着实让人吃不消啊！

没事吧？

工作不顺利？

和男朋友吵架啦？

家里没事吧？

叮咚

叮咚

叮咚

薯片

不就是郁闷发了条朋友圈吗？没必要这么"过度关心"吧？

只是发了一条朋友圈，刷一下存在感，就被老同学"过度关心"，真的让人头疼。回应吧，没心情，也没必要。而且，老同学显然有些越界了。可是不回应，又显得不识好歹。

这种"过度关心"可能有以下三种原因：

1. 没分寸，不知道这会给你带来困扰。

他们沉浸在关心你的情境中，不知道过度关心会让人不自在。

2. 好事，喜欢打听别人的隐私。

所谓的关心，只是想满足自己的好奇心。

3. 只是随口问问。

只是随口问问，并不是真的关心。

因此，对于老同学的"过度关心"，如果不想回答，就不必回答。

对于老同学的"过度关心"感到不舒服，这是人之常情。因为人与人之间的交往，有一定的界限，过了界，自然让人不舒服。但是，碍于情面与礼仪，你不要太强硬、太直接地说"我不想说""你太刨根问底了"，而是需要学会委婉一些。

首先，要真诚地表示感谢，及时说出感谢的话，可以这样说：

> "非常感谢，这么晚了，能收到你的关心和问候。"
>
> "有你的关心真好！"

然后，如果不想说细节，就可以一笔带过，然后转移话题。

也可以把话题转移到对方身上，询问对方最近发生的某些事，或者转移到熟知的第三人身上，转移焦点。比如：

> "对了，听说你最近买新车了？"

还可以委婉地表示不想说：

> "没事啦！看到这么多人关心我，所有的烦恼都随风飘散啦！"
> "小事而已。现在睡一觉，明天早上就忘了！"

只要对方懂得察言观色，就不会追问了。

参加同学聚会，刚坐下就听到旁边的"八卦精"在高谈阔论，说着另一位没到场的女同学离婚的事情，我觉得这样不太好，但周围的人却听得津津有味，我该怎么制止她呢？

林琳最近离婚了，要我说，就她那性格，太强势啦……

背后说人，不太好吧！

痛 点 答 疑

八卦之心，人人都有。但是，背后说人是非，到处八卦别人隐私、传播他人秘密的行为，真的很无德、无礼。对于这样的人，你要尽量远离，不可与其相交，更不能对其说自己的隐私或秘密，否则某一天你就会成为对方八卦的话题。

除此之外，还需要做到以下三点：

1. 不八卦，不加入。

远离这样喜欢八卦的群体，不要抱着好奇心去聆听，更不要加入讨论，否则会"引火烧身"。

2. 该制止就制止。

及时制止，但要注意说话委婉，没必要和对方发生冲突。你可以善意地提醒，也可以用开玩笑的方式制止。

3. 巧妙地转移话题。

一开始就转移话题，说一些关于八卦者的话题，或能吸引大多数人注意力的话题。也可以借着敬酒来转移话题。

社 交 止 痛

同学聚会，八卦未到场者的隐私，是对同学的不尊重，也会将聚会搞得乌烟瘴气。所以，不要抱着"事不关己高高挂起"的态度，该制止的，你还是应该及时制止。

你可以开诚布公、语气委婉地提醒：

> "哎，大家平时关系很不错，人家林琳不在，就不谈论人家隐私了。你们说，是不是？"

也可以用开玩笑的方式来提醒：

> "小小，你可太八卦了！"

或者，可以夸张一些：

> "我就知道，有你在，八卦肯定震惊宇宙啊！"

以开玩笑的方式来制止，对方不但不好意思继续，而且也不好意思和你起争执。

如果你实在担心对方"脸皮厚"，不容易被制止，也可以选择转移话题的方式。比如，可以突然大声地说：

> "对了！小小，我记得你说买了个LV包，这次怎么没见你背过来……"

或者夸奖对方一番，让对方飘飘然：

> "小小，你的头发好漂亮，比上次那个大波浪更漂亮。你在哪里做的头发？给我推荐一下。"

还可以走过去敬酒，打断对方的话，可以这样说：

"来！大家举杯，为我们能欢聚一堂而干杯！"

"哎，小小，你们几个在说什么？来来来，我敬你一杯！"

只要转移对方的注意力，用不了几分钟，或许对方就忘了这个话题，不再八卦了。

趁着国庆长假，我作为曾经的班长，组织了一场同学会。本想大家一起热热闹闹叙叙旧，可总有那么几个人，旁若无人聊得很开心，好像大家都不存在似的，太影响气氛啦！我该不该提醒一下呢？

痛 点 答 疑

聚会时，有些人总是喜欢私聊，或大声，或小声，别人的话题他们不关心，他们聊的事别人也别想知晓，就好像别人不存在似的。这样的人，会破坏聚会的气氛，让人感觉不舒服。

作为组织者，把大家聚在一起是有安排的。如果"小团队"影响了你的安排，导致活动、游戏无法顺利开展，可以委婉地提醒，将他们拉回大团体。如果不影响你的安排，那也没必要强迫人家非要加入所有人的"大讨论"。毕竟同学间的关系有亲有疏，和熟悉、亲近的人聊天，更轻松愉快。

社 交 止 痛

这件事的重点是：私聊，真的影响气氛吗？你真正在乎的是他们私聊还是不重视聚会？其实，大聚会，几个要好的朋友私聊，是不可避免的。

如果你想要打断"小团体"私聊，其实并不是什么难事。可以采取直截了当的方式，比如喊他们来参加游戏，或提议大家一起举杯，然后抛出一个话题。可以先拍手，引起所有人注意，然后这样说：

> "来来来，我们大家玩一个咱们班的经典游戏×，从×（小团体中的一员）先开始……"
>
> "现在大家一起举杯，为我们逝去的青春干杯！"

很多时候，委婉地提醒，可能效果不太好。这个时候，用开玩笑的方式来提醒或许更有效，比如：

> "×，我记得之前上学时老师在上面讲课，你们几个就爱'开小会'，这都过去几年了，还是没改哦！"
>
> "我才知道你们几个社恐呀！没关系，大家都很友好，你们可以大胆地加入我们！"

大家哈哈一笑，气氛变好了，那几个人也不好意思再"开小会"了。

高中同学群里，大家聊得热火朝天，我忍不住发表下意见，群里气氛瞬间冷清下来，感觉好尴尬……

一张口，就让别人不爽或者不想接你的话题，说明你习惯了只凭情绪和感觉说话，只顾着自己说什么，不考虑别人爱不爱听、接不接得上话。

通常来说，你可能犯了以下几个错误：

1. 盘问。

像查户口一样提问，比如，同学要结婚了，你不断追问"你男朋友多大？""家庭怎样？""什么工作？""彩礼多少？""婚房买了吗？"……

这么盘问，只会让人反感。

2. 习惯性反驳。

不管别人说什么，你马上说"不对""不是这样"。即便别人说得有道理，即便你只是把人家的观点换个方式来阐述，也会理直气壮地反驳人家。

3. 敷衍。

别人兴致勃勃地分享某件事，你只说"嗯""哈哈哈""真的吗？我不信"。别人针对某件事询问你意见，你只说"随便""都可以"。让人感到无奈，不知道如何继续说下去。

4. 太直接，太尖锐。

尖锐的话脱口而出，完全不顾及别人的感受，这是聊天时的大忌。

5. 说话不经大脑。

如果你经常说出"你男朋友太土啦""你懂什么呀"这样不经大脑的话，那你很难和大家聊下去。

既然不想成为话题"终结者"，你就需要做一个耐心的倾听者，敏锐的观察者，以及善思考、肯用心的表达者。

聚会的时候，别人谈论什么话题，你要认真倾听，点头并微笑表示自己正在听他说话。然后再适当地表示赞同：

> "你说得对。我也是这样认为的……"

即便有不同看法，也不要直接反驳，而是接纳对方的观点，再委婉表达自己的观点。可以这样说：

> "你的角度很新颖，让我豁然开朗。不过，我的角度是……"

同时，别人和你聊天，或询问你意见的时候，千万不能太敷衍，要给予积极的回应。比如，别人和你分享旅行的趣闻，可以这样来接话：

> "哈哈哈，太有趣了！快说说，你还遇到哪些有趣的事？"
>
> "旅行途中就是会遇到好玩的事。听你分享这些趣事，我也想去旅行了！"

你还需要避免以自我为中心，要考虑别人的感受，尽量说出有温度、有趣的话。从对方感兴趣或擅长的事入手，怀着善意和关心听对方说话，而不是随心所欲、口无遮拦。

第六章 七大姑八大姨，虽然亲但"不熟"

——与长辈社交的进阶技巧

长辈来串门，总是拉着我的手问东问西，从"做什么工作"到"薪水多少"，从"开什么车"到"有没有买房"，完全没有隐私意识，这样的关心实在令人招架不住啊！

有对象没有？
啥时候结婚呀？

一个月薪水多少？
老板对你好不好？

救命，咱能不能有点儿隐私啊？！

对于很多年轻人来说，如何应付长辈的过度关心真是让人头疼不已，面对他们那些毫无边界感的问题，回答也不是，不回答也不是。到底怎样才能在不伤害感情也不暴露隐私的情况下，应付这些热心过头的长辈呢？

1. 转移话题，引导长辈谈论其他事情。

面对长辈的过度关心，最常用的应对方式自然是转移话题，引导他们去谈论其他不涉及隐私的事情，或是以"请教"的方式，邀请他们分享与自己有关的事情，只要让他们聊得开心，聊得快乐，把注意力从你身上转移，你自然就能全身而退了。

2. 提升层次，把隐私问题上升到问题科普。

面对那些躲不过去的问题，你完全可以"顾左右而言他"。比如，他们询问的是关于"我"的个人情况，那么在回答时，可以把问题往高层次上引，比如谈论与他们问题相关的行业情况或社会情况等，用"科普回答"去应对隐私问题。这样一来，问题回答了，话头也有了，还能趁机把聊天的主动权抢到自己手里。

社 交 止 痛

当亲戚提出一些过于关心或是令人不适的问题时，你可以尝试利用一些能够引起中老年人兴趣的事情来转移话题，比如：

"二姑，我前阵子看您朋友圈，您是去深圳旅游了吗？好不好玩？那照片拍得可真不错！"

或者：

> "听说您家小孙子上幼儿园了，怎么样？能习惯新的环境吗？"

如果对方还是忘不了对你的"关心"，依旧不依不饶地追问你的隐私，那么就开始用第二招吧！把隐私问题的层次提升为"科普回答"，比如对方询问你的收入，如果你的工作属于体制内就业，可以这么说：

> "我们就是拿死工资的，全国同级别的都差不多，就是什么福利、奖金有些区别，林林总总也算不清楚。"

如果你是体制外就业，则可以这么说：

> "我们这行啊，收入弹性大且多元，就大概的行情标准来说呢，大致分为几档……"

这样洋洋洒洒地科普一遍，既没有驳亲戚的面子，又保护了自己的隐私。

招待完长辈，回房间一看，自己心爱的手办已变成碎片散落在地上，我只不过凶了熊孩子一句，他立刻哇哇大哭起来，客人都被他的哭声引过来了，我该怎么办？

你……

碰瓷呢吧！我都还没开始骂你就哭！不讲武德！

痛 点 答 疑

亲戚家的"熊孩子"之所以让人头疼，关键还是在于"熊孩子"背后的"熊家长"。所以，要对付"熊孩子"，其实关键还是在于如何应付纵容孩子的家长，只要抓住这些家长的心理，"熊孩子"自然也就失去了"保护伞"。

1. 把指责孩子变成担心孩子。

当"熊孩子"做错事时，把一切的指责都冠上担心的名义，这样一来，就可以把焦点转移到孩子的教育问题上，亲戚也就没有理由指责你"和一个孩子计较"了，毕竟你关心的可是教育问题啊。

2. 危言耸听，列举实证。

用身边发生的案例或是新闻上看到的事件作为类比，危言耸听地告诉亲戚，孩子教育不好可能会发生的种种悲剧，让对方意识到问题的严重性。

3. 给对方"戴高帽"，让对方无从反驳。

在交流过程中，可以不停地给对方"戴高帽"，夸赞对方明事理、人品好等，你把对方捧得越高，对方就越是放不下脸面"崩人设"。

社 交 止 痛

"熊孩子"闯了祸，想要教训他，又怕亲戚纷纷跳出来维护，那干脆就变"教训"为"担心"，来谈谈关于孩子的教育问题吧。你可以这样说：

"我知道小宝平时挺乖的，就是有些冒冒失失，家里人自然不会和他计较，但要是在外头也这么毛毛躁躁，别人可能会说家长没教育好……"

如果亲戚不以为然，那么可以列举一些有关"熊孩子"闯大祸的实例来震慑一下他们，引起他们的重视，比如：

"之前我们公司有个同事，带小孩去看画展，结果没留意，小孩用蜡笔在人家的展品上乱涂乱画，最后赔了好几万元……"

铺垫得差不多，就可以再次把话题绕回到"熊孩子"的教育问题上了：

"不过也不用担心，你们都是明事理的人，平时虽然疼小宝，但也不会不讲道理地纵容他，肯定不会像我那个同事一样的……"

不断给对方"戴高帽"，你夸得越狠，对方就越是不好意思做出损坏自己形象的事情。

婆婆经常把东西嚼碎了喂孩子，我制止她的行为，说这样不卫生，她就开始抹眼泪，说我嫌弃她。类似这样的事情几乎每天都在发生，我实在不知道该怎么和她沟通了。

在育儿问题上，婆媳之间的分歧可以说是司空见惯了，但说到底，双方的出发点其实都是一致的，都是希望孩子好。只不过育儿理念不同，加上沟通理解不到位，才会让婆媳之间总是硝烟弥漫。那么，如何才能在避免婆媳冲突的同时，让婆婆心平气和地接受你的育儿理念呢？

1. 肯定婆婆的辛苦与付出。

无论你是否赞同婆婆的育儿方式，在开口之前，都要先肯定对方的辛苦与付出，让对方明白，她所做的一切你都看在眼中，你提的意见也并不是针对她。

2. 借助权威的力量。

事实上，想要改变一个人的观念和想法是非常困难的，但你可以借助权威的力量，比如医生或育儿专家等，让一些建议从这些权威人士的口中说出，增强其分量。

3. 潜移默化，分享科普。

在日常生活中，可以多和婆婆分享一些育儿方面的知识，或是错误育儿导致的问题等，潜移默化地改变对方的想法，帮助对方更新观念，从根源上解决问题。

对婆婆提意见之前，要先肯定她的付出和辛苦，在她做得好的方面用力夸奖，比如：

"您可太厉害了，一个人就能包办所有事情，把小宝照顾得这么好，要是没有您，我都不知道该怎么办了！"

先把婆婆夸高兴了，然后再提意见，提意见的时候，可以借助"权威"的力量，比如：

"前几天我在电视上看到一个节目，说是有一家的小孩，好像是吃错东西去看医生，然后医生就提了一些注意事项，比如……"

对于婆婆来说，用这种闲聊的方式，借助"医生"的嘴来提出意见，往往会比你直接提出意见要更容易接受得多。

之后，你还可以以此作为切入点，多让婆婆了解一些育儿方面的知识，以后你再有什么不同的意见，也可以通过这种方式提出，婆婆会更容易接受。

奶奶的寿宴上，爸爸叫我去挨桌敬酒，长辈们都亲切地叫着我的小名，还打趣我小时候的糗事。我脸都笑僵了，还没认出来眼前的人是谁。

阿蛋，越长越漂亮了。

女大十八变，这要在街上，我都认不出来咯！

记得我不？你小时候我还抱过你呢。

完了完了，这是二姑奶奶还是二姨奶奶来着？

痛 | 点 | 答 | 疑

逢年过节，总会碰上一些不熟悉的亲戚，想打个招呼吧，又不知道该怎么称呼对方；想聊点什么吧，又着实找不到话题，这可怎么办？其实，亲戚之间来往，主要就是联络感情，放平心态，多点笑容，寒暄几句也就行了，只要记住几个关键点，就不怕会出错：

1. 不确定称呼，尽量往年轻了叫。

遇到不认识的长辈，如果实在不确定应该称呼对方什么，就尽量往年轻了叫，这样即使事后发现称呼错误，也能把问题归咎于对方"长得实在太年轻"上。

2. 万能寒暄妙招：关心身体，夸赞穿着。

和长辈寒暄，如果实在不知道该说什么，那就关心一下对方的身体吧。如果对方穿着打扮比较精心，那么就多夸赞一下对方的穿着品位。这样的万能寒暄妙招，在任何场合都适用。

3. 把笑容常挂脸上。

俗话说，伸手不打笑脸人。记住把笑容常挂脸上，不认识对方没关系，笑得热情又灿烂就没问题了。遇到不知该怎样回答的问题也不要紧，笑靥如花就行了。

社 | 交 | 止 | 痛

和不太熟悉的亲戚应酬，先把笑容挂起来，不确定应该称呼对方"阿姨"还是"大姐"，就一律往年轻了喊，万一称呼错了，就惊讶地看着对方说：

> "天哪，您看上去也太年轻了吧！也难怪我会叫错辈儿，这可真不能怪我呀！"

有了这句话，既能缓和尴尬气氛，又能不动声色地拍拍对方"马屁"。

打完招呼，怎么也得寒暄两句，面对打扮精致的长辈，你可以这样称赞：

> "您的胸针好漂亮啊，和您今天这一身特别搭，您眼光可真是太好了！"

如果对方打扮比较朴素，那么就问候一下对方的身体，比如可以这样说：

> "您老气色不错，经常锻炼身体吧？"

寒暄一圈，和每个亲戚都聊上两句，"任务"也就顺利完成啦！

过年回家，亲戚齐聚一堂，熟悉的催婚场景又开始了："怎么还不结婚？""有对象吗？""再不结婚，年纪大了怎么生孩子呀？""工作再好，没有家庭也是不行的。"天哪，我好希望自己能隐形，让他们都看不见我！

痛 点 答 疑

过年回家，最怕面对的是由一众七大姑八大姨组成的"催婚、催生大军"，尤其是年龄日益增长的单身女性，不仅要承受各种亲戚毫无边界感的追问，还得忍受她们的喋喋不休和出言不逊，就好像不结婚、不生孩子就是什么不可原谅的罪过一般。

面对可怕的"催婚、催生大军"，到底该如何应付呢？

1. 父母催婚、催生，真诚沟通。

通常来说，催婚、催生的源头，都是自己的家人，尤其是父母。父母催婚、催生，主要是出于对子女未来生活的担忧。因此，想要让父母停止催婚，最直接有效的方式，就是与他们真诚沟通，把自己未来的规划以及对婚姻家庭的想法都说出来，让父母明白，你有自己的安排和计划，让他们放心。

2. 亲戚催婚、催生，转移话题。

亲戚朋友，尤其是那些有着亲戚关系，但实际上感情不算亲密的人，他们的催婚、催生，看似是在关心你，但实际上更多的只是一种谈资，甚至有一部分人是带着讥讽和嘲笑的态度来进行催婚、催生的。面对这样的状况，并不需要浪费时间和精力去和他们解释，只要适当敷衍，转移话题就行了。

社 交 止 痛

面对父母的催婚，敷衍了事只会让他们更担忧，倒不如坦诚地告诉他们：

"我知道你们担心我，希望我能找到一个人陪伴我、照顾我，但这种事情也是讲究缘分的，总不能让我随随便便就选个不靠谱的人吧？其实，我已经做了一个详细的规划……"

面对七大姑八大姨们的"惯例催婚"，你可以这样说：

"婚姻大事，当然需要慎重一点考虑，现在离婚率那么高，就是因为很多人对待这件事情都太草率了！"

接着就能顺势把话题转移到离婚率上了，如果这些亲戚中有人家里正巧发生了离婚事件，那么接下来可聊的话题就更加精彩了，想必大家也都不会再有时间关注你。

为庆祝节日，一家子亲戚聚在一块儿吃饭。我刚坐下，就见表弟在一边殷勤地端茶倒水，恨不得直接现场"说学逗唱"，表演个十八般武艺。唉，和这"显眼包"待在一起，可真是叫人如坐针毡啊！

品一杯清香，祝您身体健康；品一杯芬芳，祝您幸福安康！

啊，好尴尬，我是不是也得表演点儿"才艺"啊……

痛 点 答 疑

对于"社恐"人士而言，最可怕的事情莫过于旁边有个"显眼包"。本来和周围不熟悉的亲戚朋友随便问个好，碰个杯，寒暄两句，基本的交际活动也就完成了。可和旁边"显眼包"的热情洋溢、吹捧奉承一比，自己简直如坐针毡，甚至开始在脑海中不断"刷屏"：我是不是也该热情一点？我会不会表现得太冷漠了？

其实，我们没有必要陷入自我怀疑，每个人都有不同的性格，我们没有必要勉强自己去变成另一个人。当对方卖力表现时，不妨放平心态，正好欣赏一下对方的彩衣娱亲，更何况，有这样一个"显眼包"存在，还愁待会儿没话题吗？

1. 大方夸奖对方。

面对平辈"显眼包"，我们完全可以放平心态，大大方方夸对方一句"会来事儿"，而不是非要把自己和对方放在一起比较。更何况，有这样一个"显眼包"存在，绝对可以吸引大部分"火力"，我们也就不用担心自己该如何与亲戚应酬了。

2. 把说话主场让给对方。

和亲戚无话可聊时，直接把话题抛给"显眼包"；面对亲戚的问题不想作答，或不知如何作答时，直接把主场让给"显眼包"——瞧，只要转变一下心态，"显眼包"就是这么好用。

社 交 止 痛

遭遇平辈"显眼包"，可以把自己归入"长辈阵营"，以长辈的心态去

观看对方"表演",还能时不时和其他长辈一起夸赞几句:

> "×这人真是性格好,会来事儿,特别讨人喜欢!"

瞧,现成的话题也有了,只要心态一转变,尴尬的场面也就不复存在了。

更重要的是,有了这么一个"显眼包"的存在,就不用再担心现场氛围不够活跃。此外,在遭遇亲戚的问题"围攻"时,还能直接把对方拉出来做挡箭牌,相信对方也是很乐意成为众人瞩目的中心的。

刚放假回家，二姑就带着表弟上门，让我给他补习功课。见我不乐意，二姑就开始数落我："说都是一家人，一点小事怎么还推三阻四的？"可我也有自己的假期安排啊！

中国人历来看重亲戚关系，但凡亲戚家有个什么事，彼此之间必然是要"倾囊相助"的。即使如此，也不意味着你就一定要牺牲自己的时间，去帮亲戚解决问题。

当然了，道理是这么说，但要当面拒绝亲戚提出的请求，也的确是门技术活儿，如果处理不好，自己可就要遭受"千夫所指"了。那么究竟应该怎么办呢？

1. 表示遗憾，解释原因。

用表示遗憾的态度表达拒绝，然后解释原因，让对方知道，你并不是主观上想要拒绝对方的要求，而是客观条件不允许，如果对方再不依不饶，那就是强人所难了。

2. 提供替代方案。

表达拒绝之后，可以热心地尝试提供一些替代方案，让对方感受到你确实想要帮忙的迫切心态，即使对方最终没有采纳你提供的替代方案，至少你的态度也是无可指摘的。

3. 向对方提供其他帮助。

主动向对方承诺，可以提供力所能及的其他帮助，以此来作为一种补偿，最大限度地消除对方因被拒绝而产生的不满情绪。

社 交 止 痛

面对亲戚提出的帮忙请求，你可以这样拒绝：

> "这可真不巧，我那段时间不在这边，机票都买好了，没法改签。"

你要让对方明白，你的拒绝来自客观条件的不允许，而不是主观上不想帮忙，这样对方也就没有理由继续指责或道德绑架你了。

拒绝对方之后，可以顺势提出其他方案来作为弥补，比如：

> "我认识一个朋友，开补习班的，他们那个补习班很有名，要不我请他帮忙介绍一个好的老师？"

最后，你还可以主动提出：

> "咱们可以加个微信，到时候有什么问题，就发微信问我，我只要有空，看到就会回复的。"

至于什么时候"有空"，那可操作的空间就很大啦。

第七章 相亲约会，舌头打结

——恋爱是门技术活儿

路上堵车，迟到了二十分钟。进门连忙脱掉外衣，不小心把桌子上的花瓶碰倒了。他给我点了杯咖啡，可我手一滑，杯子没拿稳洒了一桌，衣服也弄脏了。对方无奈地看着我，我恨不得找个地缝钻进去。

啊，我也太冒失了，好想找条地缝钻进去。

痛|点|答|疑

相亲现场，本想给相亲对象留下一个好印象，可偏偏却把一切都搞砸了，不是碰到花瓶就是弄洒咖啡，越是紧张越是混乱。如此尴尬，该如何挽救呢？

1. 真诚致歉，用一点时间来平复情绪。

越是紧张越是容易出错，已经发生的意外就不要再去懊恼了，直接坦诚地向对方致歉，让对方给你一些时间来平复情绪，然后再重新开始介绍自己吧。

2. 幽默自嘲，化解尴尬。

面对尴尬的状况，不妨来句幽默的自嘲，既能缓解当下的紧张气氛，又侧面向对方展示了你的幽默感，或许能挽回一些印象分。

3. 向对方表示感谢。

当你状况频发时，如果对方的态度一直都很好，那么记得向对方表示感谢，称赞对方的宽容。即使对方只是出于礼貌而维持绅士风度，在接收到你真诚的感谢时，想必也能对你增加几分印象分的。

社|交|止|痛

越是紧张越是容易出错，既然都已经状况频发，那么与其费力遮掩，倒不如坦坦荡荡地道歉：

> "抱歉，抱歉，我可真是太冒失了，还请给我一点时间整理一下。"

要挽救尴尬局面，幽默是最好的润滑剂，说上几句俏皮话，就能让气氛顿时轻松下来，比如你可以这样说：

> "都说好事多磨，看来果真如此。"

相亲结束后，记得向对方表达谢意，你可以这样说：

> "非常感谢您的包容，您是一位真正的绅士。"

相比遮遮掩掩的态度，像这样大大方方承认自己的错误，显然更能赢得别人的好感。

两个人都不善言辞，一番自我介绍后陷入短暂的沉默。对方轻咳两声以喝咖啡掩盖尴尬，我则望向周围，试图寻找新的话题。到底要聊什么呢？

今天天气真好？不行，太老套了。这家咖啡不错？好像有点儿尴尬……

我介绍完了，该说什么好呢？

痛 点 答 疑

在如今这个生活节奏比较快的时代，相亲无疑是一种非常高效的寻找伴侣的方式。在与相亲对象初次见面时，双方需要做的是相互了解、观察，看看是否有和对方继续发展甚至走进婚姻殿堂的可能。而想要快速了解对方，最直接有效的方式就是聊天，但在彼此还比较陌生的情况下，聊什么、怎么聊就成为让很多人头疼不已的问题了。自我介绍一说完，就陷入尴尬的沉默，这时候，到底该怎么办啊？

1. 随意引入话题，寻找双方共同点。

在彼此都不熟悉的情况下，想要聊起来，就需要寻找共同点。可以随意引入一些话题，来试探对方的兴趣点，从而找到彼此都感兴趣的事情。这个过程对于确定对方和我们是否有继续发展的可能也是非常重要的。

2. 谈论自己的家人和过往的经历。

相亲的主要目的，是快速高效地确认对方与自己是否有发展为亲密关系的可能，所以在选择聊天的话题时，是可以更为私密一些的。比如可以谈论彼此的家人、过往的经历等，这些都能帮助彼此更进一步地了解对方。

3. 聊聊自己的工作和对未来的期许。

既然选择相亲，那么就意味着彼此的交往是以结婚为目的的进行的，因此，聊一聊自己的工作状况和对未来的计划与期许是必不可少的环节，毕竟如果以后确实有发展的可能，那么在未来的计划中，必然需要将彼此规划在内。

社 交 止 痛

寻找话题可以从身边的事物开始，不需要担心这个话题会不会找得不够精彩，毕竟在相互了解的初级阶段，"广撒网"才能尽快探索出对方的兴趣点。比如可以从眼前的美食开始聊起：

> "这里的牛排不错……你平时更喜欢中餐还是西餐？"

谈论美食的过程中，可以顺势把话题转移到家乡的美食，或者与美食有关的童年记忆等方面，比如：

> "我家乡那边有道菜，做法十分特别……"

或者：

> "我小时候特别喜欢一道菜，我还记得那个时候……"

随着话题的展开，如果我们觉得和对方特别聊得来，有发展的可能，那么接下来就可以聊一聊关于未来的计划了。

朋友介绍的相亲对象听起来条件不错，约好时间准备见一见。可约定的时间都已经过了，对方却还迟迟不现身，我应不应该问问行踪呢？这样会不会显得我太急切，不矜持呢？

相亲被对方"放鸽子"，在很多人看来，都是一件非常糗的事情，好像自己眼巴巴凑过去还被人嫌弃了似的。面对这样的情况，你是应该直接走人，还是礼貌地询问一下对方的行踪呢？

其实，说到底，会出现这样的情况，不外乎两个原因：

1. 对方遇到突发事件，导致无法赴约。

人生中很多事情都是无法预料的，如果对方是因为遭遇突发事件，导致无法准时赴约，甚至没有时间和机会通知你一声，那么这样的情况也是可以理解的，当然，关键在于等事件结束之后，对方会不会主动向你道歉并解释缘由。

2. 对方并没有很在意这场约会。

相比第一个理由，显然第二个理由发生的可能性更大，即对方并没有非常在意这场约会，因此才会轻易错过或忘记。毕竟即使遇到突发状况，在大多数情况下，发条短信或拨个电话的时间还是有的。

无论什么原因，作为被"放鸽子"的一方，向对方索要一个解释都是理所当然的。

如果这场相亲是由第三人促成的，那么在对方迟迟没有现身的情况下，可以直接联系这个中间人，告知其具体的情况，让他出面去询问缘由。

如果这场相亲是当事人自己通过相亲网站等方式促成的，那么在对方迟迟不到场的情况下，主动询问缘由也是非常正常的。要是担心这样做会显得自己太急切，不够矜持，那么可以用一些比较含蓄或幽默的方式进行试探，比如：

> "这位先生／女士，您是否还记得今天有一场约会要赴？"

或者：

> "我猜测您的手机可能没电了，否则此时我或许应该收到一条信息或是一个电话。"

用这样的方式委婉提醒和试探，其实就相当于给了对方一个解释的机会，如果对方重视这场约会，那么想必会给你一个交代的。

"你工资多少？""自己买房了吗？""父母那边有房吗？"相亲对象的问题一个接一个，简直不可理喻。你是查户口的吗？问得那么具体干吗？

这是相亲还是查户口？我工资多少，有没有房，关你什么事啊？

个人情况登记表

痛 点 答 疑

虽然说选择相亲，主要就是奔着结婚去的，但初次见面，八字还没有一撇的时候，就被"查户口"一般地追问各种隐私问题，也着实让人感觉很下头。遇到这样的状况，我们该如何应对才不会让场面太尴尬呢？

1. 幽默反驳，转移话题。

先用比较幽默的方式反驳对方，然后再趁势转移话题，让对方明白，他问的这些问题有些已经超过界限了。如果对方是通情达理的人，想必就会识趣地打住，自然而然地接过我们抛出的新话题。

2. 巧用话术，替换问题。

如果对方追问的问题你不想回答，但也不想就此结束这场谈话，那么可以利用话术，来替换对方提出的问题，然后再给出一些模棱两可的答案，这样既能保护自己的隐私，又能让聊天继续下去。

社 交 止 痛

面对相亲对象"查户口"式的盘问，我们可以幽默反驳，来表达自己的不满，比如：

"您的工作是'查户口'吗？现在可是下班时间，咱就别把工作习惯带到约会中了吧？"

或者：

> "或许是我走错地方了？您这里应该是'面试现场'吧？"

如果对方总是想要打探我们的隐私，询问一些我们并不想回答的问题，比如追问我们的财务状况，或者打探我们父母的财务状况，我们可以这样回答：

> "虽然赚不了十亿八亿，但养活自己还是不成问题的。"

或者：

> "谢谢关心，我父母现在都很好，没有什么需要你帮助的。"

这样让对方撞一个"软钉子"，既不会让气氛过于尴尬，又委婉地传达了我们不想谈论这些事情的态度。

五 相亲对象太敷衍

和朋友介绍的相亲对象见面，一直努力找话题，但对方却反应冷淡，还频繁看手机，这也太敷衍了吧！即使不合适，也该维持基本的礼貌吧，真是太令人生气了！

听说你老家在四川……

嗯……差不多吧……

没看上就没看上呗，这么敷衍是几个意思？

相亲原本就是为了相看对象，评估双方是否有继续发展的空间。既然是相看和评估，那么无论是看上了还是没看上，都是非常正常的。但不管是看上还是没看上，双方都应该维持基本的礼仪，这是对他人最基本的尊重。

所以，当你发现你的相亲对象总是心不在焉，用敷衍的态度应付你时，不要选择忍气吞声，而是应该直接询问，了解情况，同时也要让对方知道你的不满。

1. 询问对方是否有事。

对方心不在焉，一直看手机，通常有两种可能：一是对方确实有事在忙；二是你对对方没有足够的吸引力，这场约会也让他感到索然无味。我们需要先确定好情况，才能决定下一步如何应对。

2. 表明态度，让对方道歉。

无论对方是真的有事，还是单纯没看上，对方的行为都对你造成了一定的伤害，所以，你有权利表达自己的感受，让对方明白，他的行为和态度都是非常不妥当的，并且应当向你道歉。

相亲过程中，如果你的相亲对象总是频频看手机，表现得十分敷衍，那么不妨主动告诉对方：

"如果您这边有事的话，咱们可以先结束，您去把事情处理好。"

此时，如果对方确实有事，或是实在抵触这次相亲，那么只要顺着"台阶"下去，结束这次相亲就行了。

如果对方既没有选择离开，也没有改变敷衍的态度，那么你可以这样说：

> "真不好意思，我坐在这里会妨碍到您玩手机吧？"

或者直接告诉对方：

> "您或许欠我一个道歉，毕竟您和您的手机已经在我面前秀了很久恩爱了。"

这种半真半假、半开玩笑半认真的说辞，既能照顾到对方的面子，又能表明我们的态度，在给对方留有余地的同时也不失犀利。

相亲对象个头不高，长相平平，却有些自信过头，张口闭口就是炫耀自己女人缘好，还问道："你是不是也对我挺有好感的？"开哪！这就是传说中的"普信男"吗？也太自以为是了吧！

我最大的烦恼，就是女人缘太好！

那我可能拥有一个男人的灵魂，实在不懂欣赏你的魅力……

痛点答疑

看着普通又自信的相亲对象不停地自吹自擂，实在忍不住想吐槽他，却又担心把场面闹得太僵，这可怎么办呢？难道只能委屈自己的耳朵了吗？其实，应对这样的情况，抓住两个关键点就行了：

1. 先礼后兵，你客气我也客气。

如果对方态度比较好，只是过于自信了一些，那么你也没必要去打击对方的自信心，毕竟咱们是来相亲的，不是来结仇的。

2. 以牙还牙，你挑剔我也挑剔。

很多"普信男"之所以让人感觉下头，除了他们有着过度的自信，更重要的是，他们总喜欢用高高在上的态度去挑剔别人。面对这样的情况，你也不需要委曲求全，对方挑剔，你同样也可以挑剔，以牙还牙，谁也不亏。

社交止痛

遇到"普信男"，如果对方只是过于自信，那你也没必要去和对方争论，非要纠正他的三观，你可以这么说：

> "无论如何，至少在自信和乐观方面，您的确表现得十分突出。"

如果对方已经开始得寸进尺，自信过头地认为你对他有好感，那么千万不要心软，一定要果断、明确地拒绝他，避免掉入对方的圈套。比如你可以告诉他：

"我们确实不合适，因为我们对于人、事、物的看法几乎都是截然不同的。对，没错，尤其是对人的看法。"

　　不要觉得自己拒绝得这么彻底好像很残忍，毕竟当你面对的人傲睨一世，你留有的任何一点余地，都会成为对方得寸进尺的缝隙。

相亲结束，感觉对方人还不错，正想着要不要提出下次回请对方吃饭，好进一步接触，对方就主动提出"AA"买单，这是不是说明他没有看上我呢？

下次……

结账我们就"AA"制吧。

AA=互不相欠=没有下次=没看上我？！

痛 点 答 疑

相亲结束后，对方提出"AA"付账，这原本也无可厚非，但毕竟是相亲，让人不由得多想几分：对方是不是没看上我，为了减少损失，所以提出"AA"？

其实，这个结论并不是绝对的，对方提出"AA"，存在多种可能：

第一种可能：没看上对方，不想再有所牵扯；

第二种可能：受以往相亲失败经历的影响，不愿意再白白吃亏；

第三种可能：个人消费习惯如此，毕竟相亲对象不是正式对象，没必要为对方花钱。

……

如果没有进一步发展的意愿，那么相亲结束之后，自然也就不需要再联系了。但如果你对对方比较有好感，那么还可以通过一些方式来进行试探：

1. 以美食餐厅为切入点，向对方发出邀请信号。

如果对方对你颇有好感，也有继续发展的意愿，那么在你发出邀请信号时，就不可能完全无动于衷。如果对方没有任何反应，那么很遗憾，你们的缘分看来还没到。

2. 旁敲侧击，打探对方的消费习惯。

以"AA"付账的方式为切入点，旁敲侧击地了解对方的消费习惯和消费观念，如果对方平时在生活中就比较推崇"AA"付账的方式，那么提出"AA"付账就可能只是对方的一种消费习惯而已。

社 交 止 痛

相亲结束，对方主动提出"AA"付账，想知道对方究竟是否有意愿和自己进一步发展，可以这样试探：

> "我们公司附近有一家餐厅，非常有特色，就是价格偏高了一些，平时想去吃都得拉上几个朋友一起'AA'……"

如果对方有进一步发展的意愿，那么在听到这番话之后，想必一定会抓住机会，顺势提出下一次的邀约。但如果对方毫无反应，那么恐怕你们确实是有缘无分了。当然，也不排除另一种可能，那就是对方确实非常迟钝，完全接收不到你的"暗示"。

你也可以通过打探对方的消费习惯来判断对方提出"AA"制究竟有没有其他意思，比如可以这样说：

> "我前阵子在网上看到一个投票，内容是说和朋友出去吃饭，你更倾向于选择'AA'的方式付账，还是大家轮流请客……"

如果对方是一个推崇"AA"制的人，那么他提出"AA"付账就是一件非常正常的事情了，但如果对方对"AA"付账的方式并没有明确的支持态度，那么对方很可能对于这次相亲是不太满意的。

第八章 面试官，请指教

——面试而已，慌什么慌?

心里默念对方的资料，紧张地迈进会客间，脱口而出："林经理……"屋里气氛顿时凝固。对方轻描淡写地纠正："我姓王。"

我姓王。

林经理……

面试时，不小心说错话，可能问题不大。但是，记错面试官且叫错了人家姓名，就比较麻烦了。如果不及时补救，可能会让场面变得尴尬，还可能会影响面试官对你的印象。面对这种情况，你需要采取以下几个补救措施：

1. 及时认错，诚恳道歉。

意识到错误，立即真诚地道歉，表现出自己的歉意和诚意。千万不要置之不理，这样只会让你的错误更严重。

2. 及时更正错误。

道歉之后，立即对自己的错误进行纠正并重复正确的称呼。

3. 自嘲，打趣自己化解尴尬。

不妨自我贬低一番，赢得对方哈哈一笑，不仅可以化解尴尬，还可以赢得原谅。

社 交 止 痛

职场中，避免错误的发生固然重要，但是如何应对错误也同样重要。如果你因为过于紧张，而叫错面试官，千万不要太慌张，越慌张越容易错上加错。

这个时候，态度最重要。所以，你最好第一时间真诚道歉，可以这样说：

> "对不起！非常对不起！我太紧张了！"

然后及时纠正错误，重新与面试官打招呼，并再次道歉。

> "您好！王经理。非常抱歉！"

之后，可以自嘲一番，缓解一下尴尬的气氛，可以这样说：

> "我一紧张，就容易脑袋宕机。刚才，我又宕机了。"
>
> "您看，我紧张得连汉字都不认识了。"
>
> "我太紧张了，竟然叫错了人，真想找个地缝钻进去！"

气氛缓和之后，保持积极心态，应对面试就可以了。当然，最后面试完毕，还可以再次致歉，以表示诚意。只要你态度好，且面试过程中表现突出，面试官自然不会斤斤计较。

面试时，考官突然问了一个与我专业相关，但稍显冷门的问题，或许因为太过紧张，我的脑子里一片空白，根本不知道该怎么回答，这可怎么办？考官会不会觉得我不专业呀？

痛 点 答 疑

面试的时候，决定你是否被录取的因素，不是能否回答出全部问题。所以，面对回答问题这件事，要放平心态，即便个别问题答不出来，也不要过于紧张。

如果因为紧张，大脑一片空白，那么首先要做的就是深呼吸，让自己平静下来，让大脑清醒一下。接下来，再采取以下方法来挽救：

1. 大脑快速厘清思路，考虑如何回答问题。

2. 重复一下问题，留出时间思考。

3. 调整心态，保持真诚。

4. 虚心请教，向面试官讨教合适的答案。

社 交 止 痛

面对面试官的问题，一下子没头绪，不要急着回答，可以争取一分钟的时间思考，梳理信息，努力找到自己熟悉的点作为切入口。可以这样说：

> "这个问题有些冷门，我之前没有接触过，您可以给我一分钟时间思考吗？"

一般来说，面试官都会同意你的请求。如果面试官不同意，或者你思考之后，仍找不到切入点，可以向面试官提问，询问一些信息，或者按照当时的理解复述一遍问题。比如：

> "针对×点，我有些不理解，您能解释一下吗？"
>
> "我是这样理解这个问题的……您看，是否正确呢？"

得到解释后，如果还找不到思路，可以尝试着用过去类似的经验，提出解决问题的方式或思考逻辑。可以坦诚地说：

> "由于经验的限制，过去我没有遇到过类似的问题，也没有思考出合适的解决方案。所以，我暂时无法给出合适的答案。不过，我之前遇到一个×问题，考察的是×专业问题，我是这样解决的……"

很多时候，面试官考验的不是你能否完美地解决他提出的问题，而是想考察你解决问题的思路和能力。如果你在解决其他问题上展现出出色的思路和能力，也能增强面试官对你的好印象。而且，面试是对人才综合能力的评估，如果你能遇事不慌、随机应变，或展现出高情商，自然也能赢得好感。

当然，你还需要虚心请教，把问题弄明白。可以这样说：

> "林经理，关于这个问题，可以请您指教一下吗？"
>
> "关于这个问题，恳请您为我指点迷津。可以吗？"

勤学好问，在很多时候可以扭转面试官对你的印象。

面试官是个小年轻，他问我："为什么频繁跳槽呢？"我顿时蒙了，有十年工作经验，却只换过三份工作，怎么能算"频繁跳槽"呢？面对这样棘手的问题，我该怎么回答？

痛|点|答|疑

面对面试官提的一些棘手的问题，有人可能感觉很无聊，有人可能觉得面试官没水平，但不管怎样，千万不要表现出来。因为，你正在面试。

面试官提出的很多问题看似"离谱"，比如："为什么频繁跳槽""为什么来我们公司""如果我的拉链开了，你怎么提醒"，等等，实则另有深意。面对此类问题，你的回答体现了你的反应能力、处事方法以及情商，最后可能决定你是否被录取。

所以，回答这类问题，需要把握以下原则：

1. 正确对待。

千万不要表现出惊讶、无聊的表情，也不要敷衍地回答。要端正态度，通过回答问题展现自己的优势和能力。

2. 遇事不慌，冷静思考。

即便问题比较离谱，也不要紧张、慌乱，尽量让自己保持冷静，思考如何回答得更得体巧妙。

3. 不要太直接，展现出高情商。

可以委婉地进行回答，或者跳出思维限制，将问题的焦点进行转移。

社|交|止|痛

对于面试官来说，不管是提出普通问题，还是离谱问题，其目的都是考察求职者，以选出最合适的人选。所以，除非极个别的情况下，面试官不会随意出题，更不会为了刁难求职者，而提出求职者所认为的离谱问题。

因此，不管面对什么问题，求职者都要认真思考，给出高情商的回答。

针对"你为什么频繁跳槽"这个问题，可以这样回答：

> "当初我便做好了职业规划，并好好思考过自己的优势、劣势、性格特点，以便更好地实现职业理想……我每一次跳槽都在职业规划的范围内，尽量保证职位发展与公司的愿景一致，发挥自己的最大潜力……"

讲自己的职业规划，讲个人与企业的匹配度，讲自我提升和突破，而不是草率地说对公司不满或期望更好的发展之类的大空话，自然可以赢得面试官的青睐。

如果遇到考察你思维力、反应力的问题，比如"如果我的拉链开了，你怎么提醒"，可以这样回答：

> "如果遇到这样的状况，我首先会用恰当方式帮您稍作遮挡，然后委婉提醒您去卫生间整理一下。"

旁敲侧击地点破，可以避免尴尬。这样的回答，自然比直接提醒更让人满意。

其实，这类问题没有统一答案，只要你能从某一个角度给出合理解释，展现出灵活的思维、正确的价值观，便可以摆脱看似棘手的问题。

去心仪的公司面试，刚进入会客室，还没开始自我介绍，面试官就一脸傲慢地说了一连串"规矩"，面对这样的"下马威"，我要如何反应才能加分呢？

为了不浪费彼此的时间，我先说说我的规矩——

哇，好大一个"下马威"！

痛 点 答 疑

面试官一上来就给你"下马威"，大多数情况是在进行压力测试，考察你的抗压能力如何。而这种面试，通常被称为"压力面试"。

面对这种情况，应该如何去应对呢？

1. 保持镇定，从容面对。

不要被"下马威"吓住，如果心态崩了，过度紧张，甚至否定自己，那么之后的面试必然没办法发挥出真实水平。

2. 明白这是"压力面试"。

明白这一点，才不会中招，才能过这一关。

3. 尽可能微笑。

微笑，不仅能安抚你的情绪，降低你的紧张程度，还能向面试官展现出你的信心，表达你的善意和尊重。

4. 及时排解压力。

给你"下马威"的同时，面试官也在观察你的表情变化及情绪控制能力，判断你是冷静解决问题还是躲避问题，是急躁慌乱还是急中生智。

如果你知道这是压力面试，且抗压能力强，很快就会放松、冷静。但如果你的抗压能力弱，就不要假装冷静，要及时通过一些方法来排解压力。比如，回避面试官的目光，然后深呼吸。

社 交 止 痛

很多人不知道面试官的"下马威"是压力面试，在面对"下马威"时，容易紧张，甚至是胡思乱想——面试官是不是不喜欢我？是不是刁难我？

面试这么严格吗？这么多规矩吗？我肯定不行。如果是这样，那么面试注定走向失败。所以，你要让自己冷静下来，才能正确地应对。

首先，要认真倾听面试官讲话，努力让自己面带微笑，并进行深呼吸，或给自己一些积极的心理暗示，让自己冷静下来。等面试官说完规矩，可以简单地回答：

> "好的。我明白了，在接下来的面试中，我会遵守您的规矩！"

或者适当地恭维面试官，活跃气氛，也让自己放松，可以这样说：

> "好的。您处事严谨、要求严格，相信接下来的面试我们会很高效、顺畅。"

然后，自然地进行自我介绍就可以了。

当然，如果面试官的"规矩"太过分，冒犯到你，你也可以委婉地提出来。比如，当面试官说"我提出的问题，你必须如实回答，包括个人隐私，否则面试立即结束"。显然，这是不礼貌、不合理的，面对这种情况，你可以这样回答：

> "鱼和熊掌不可兼得。关于工作问题和隐私问题，您可能不能兼得。"

用幽默的话语来拒绝，自然可以轻松化解难题。

面试时，我刚做完自我介绍，就听到面试官说："你是所有面试者里穿得最随性的。"他这是对我不满意吗？我应该怎么回应呢？

你是所有面试者里穿得最随性的。

随性？我这一身都能直接走红毯了！

面试官

明明你穿得挺得体，面试官却说你"穿得很随性"，或许这个面试官太挑剔了，对自己和别人都有极高的要求标准。

面对这种情况，如果情绪上头，直接反驳"这还随性？您太挑剔了！""您这不是故意挑刺儿吗？"，很容易让你被淘汰。

那么，如何应对挑剔的面试官？关键在于以下几点：

1. 不卑不亢，正面回答问题。

不随意迎合面试官，不轻易否定自己，保持淡定和冷静，正确表达自己的观点，给出合理的解释。

2. 把问题抛给面试官。

可以采取提问的方式，把面试官为难你的问题抛给他。

3. 回到基本点。

不要忘了自己的目的——面试，得到这份工作。当面试官问一些与工作无关的问题时，不要急着"战斗"，也不要跳入他的陷阱。要明确目的，从工作、面试的角度来回答问题。

除非你的着装的确不得体、很随意，否则不要轻易否定自己。如果顺着面试官的话说："对不起，我不是不重视面试，而是不会穿搭……"这样，只会让面试官对你的印象更糟糕。当然也不要否定面试官的话，如"面试是考察专业能力，您为什么挑剔我穿什么？""您就是故意挑刺儿！"

这个时候，你可以淡定、自信地给出解释：

> "我很重视这次面试，精心挑选了这套西装……虽不是品牌，但我自认为还算得体吧。"

如果面试官未给出答复，可以真诚地发问，把问题抛给他。你可以这样问：

> "您穿得非常考究，您能给我一些建议吗？"
>
> "在这方面，您一定很有研究。希望您给我指点指点，可以吗？"

还可以适当恭维面试官一番，及时转移话题，化解尴尬。比如：

> "刚才听前面面试的人说您是个非常严厉的人，看来，确实如此。不过我感觉您这样是对求职者负责。相信，您对自己和下属的工作能力、工作态度也是高标准、严要求……其实，在专业上保持一丝不苟的态度是非常必要的……"

恭维的同时，让话题回到"原点"——面试，然后展现自己的专业能力、各方面优势，自然可以扭转面试官对你的印象。

第九章 与"五分熟人"的尴尬社交

——有效寒暄，避免尬聊

在餐厅吃饭，一抬头就看到前几天聚会时认识的人，我赶紧低下头，假装什么也没看到，不想打招呼，更不想拼桌，拜托拜托，可千万别看到我啊！

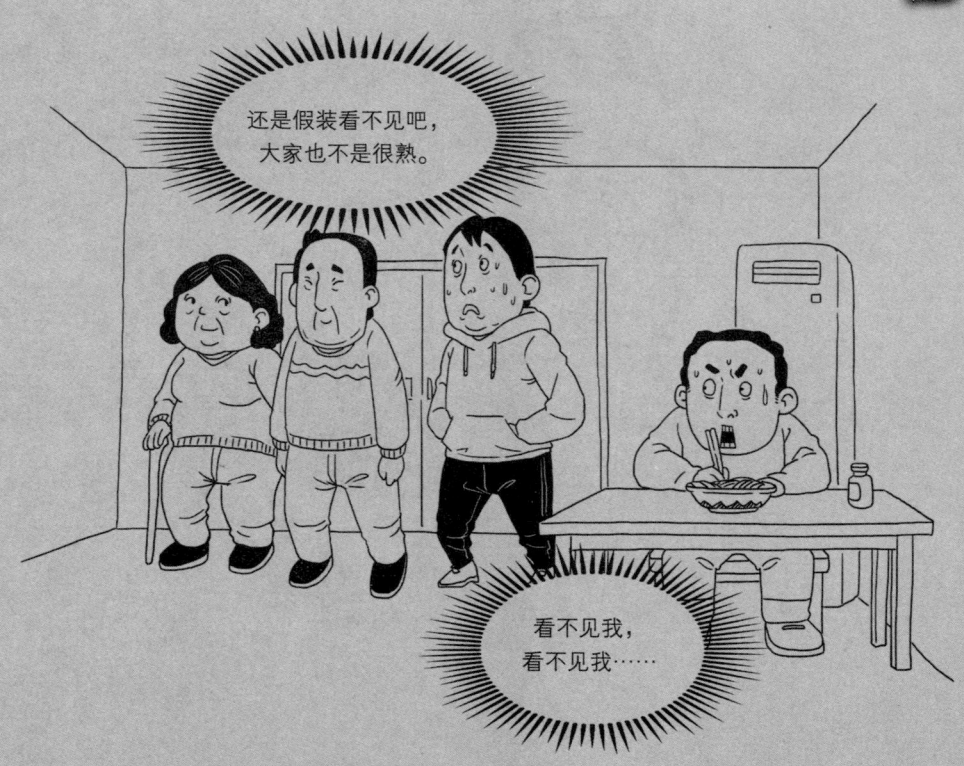

还是假装看不见吧，大家也不是很熟。

看不见我，看不见我……

痛 点 答 疑

偶遇刚认识但不熟悉的人，逃避不能解决问题。有的时候，你可以逃避，假装看不见。但是，无法逃避的时候，又该如何应对呢？难道只是微笑、点头，然后就逃走吗？这样的话，恐怕你在生活和职场中寸步难行。

因此，学会寒暄是必要的。如何正确有效地寒暄呢？

1. 自然引出话题。

寒暄的内容可以是天气、工作、学习、身体等，而寒暄时具体谈什么，我们要根据双方的兴趣或所处的环境来确定。

2. 建立认同心理。

寒暄的时候，要从对方的角度出发，尽量多寻找共同语言，以寻求心理上的接近，拉近距离，化解尴尬。

3. 寒暄要灵活。

要根据场合、关系的亲疏远近来选择寒暄的话题、用词及时间的长短。

社 交 止 痛

寒暄是一种礼貌性的问候，是社交场合不可避免的。面对不熟悉的朋友，你可以适当地寒暄一下，显示自己的大方礼貌，比如可以这样说：

> "很高兴，又见到你！"
>
> "我们还挺有缘的，这么短时间又见面了。"

因为彼此不熟悉，不能进行深入交谈，所以打好招呼之后，可以谈论一些关于天气、现场环境之类的话题。在餐厅内碰见，可以从这方面入手：

> "这里的饭菜还不错，你也经常来这里吃饭吗？"

或者观察对方，发现对方当下的"闪光点"，然后适当地赞美一番。可以这样说：

> "换了新发型，比上次更帅气了！"

还可以尽量找共同语言，比如谈论双方共同的朋友，谈论上一次见面谈过的话题。但是，因为彼此关系不算太亲近，所以寒暄两三句就可以了。

同时需要注意的是，寒暄时语言要自然、诚恳，不可以扭扭捏捏、吞吞吐吐。如果对方正在打电话，或者正与别人交谈，或者走得急匆匆，好像有事要处理，那就不必打扰了，用目光交会，微笑示意就可以了。

公司里遇见领导，看他手里提着很多东西，本来想说"老板，我来帮您提东西"，结果嘴巴一秃噜，说了句："老东西，我来提吧！"惨了惨了，丢死人了。

痛 点 答 疑

把"老板"说成"老东西"纯属口误，虽是口误但仍冒犯了老板，只简单说句"对不起"，也很难扭转尴尬的局面，还可能因此得罪了老板。

面对这种情况，我们需要注意以下几点：

1. 真诚道歉，让对方看到诚意。

千万不要因为觉得好笑，就笑出声。否则，你就把老板彻底得罪了。正确的做法：立即真诚道歉。可以鞠躬致歉，让对方看到自己的诚意。

2. 表达挽回的意愿和行为。

可以告诉对方，将在某方面给对方某种补偿。

3. 把话圆回来。

如果错误不是很大，可以通过偷换概念的方式把话圆回来。

社 交 止 痛

口误，通常都是无心之错。只要及时挽救，一般不会得罪人。所以，一旦发现自己口误，说错了话，就要立即真诚道歉。可以这样说：

> "非常抱歉，我一时着急，口误。请您谅解！"

态度端正，不嬉皮笑脸，不敷衍了事，自然可以化解他人的不满。道歉之后，还可以用行动去弥补错误，比如：

> "老板，为了表达歉意，我请您喝一杯咖啡！"

> "老板，为了惩罚自己，我今天主动申请加班，一定把×工作做完！"

你用行动表明了真诚，老板自然也就不会放在心上。

还可以将错就错，转换一下话语，把话圆回来。比如：

> "我是说'老多东西了，让我来提！'"

或者说：

> "我是说'老板，东西让我来提！'"

只要你能灵活一些，把话圆得巧妙一些，就可以化解尴尬。

刚入职，办公室的热心大姐就开始打探我的情况。"父母做什么工作的？""家里有人在体制内吗？""有没有处对象？""对象家里干什么的？""有房有车吗？"打住！"我有个客户电话要回"，不能再聊了。

完了完了，感觉到了打探隐私的"X射线"！

痛 点 答 疑

　　和不太熟的同事、朋友接触，对方一上来就查户口似的，一个劲儿地抛出问题，任谁都会反感甚至唯恐避之不及。但很多时候，我们不能直接反驳，或者冷漠以待，毕竟轻易得罪人并不是有效社交的正确选择。

　　事实上，对方可能不是为了打探你的隐私，而是想打破冷场，却不知道聊什么。面对这种情况，我们需要做到以下两点：

　　1. 及时让对方打住。

　　可以找个借口离开，比如打电话、上厕所；也可以打哈哈，或者及时转移话题。

　　2. 打破尬聊，找到合适的话题。

　　化被动为主动，提供话题的方向。比如聊工作方面的事情，聊有什么兴趣爱好，或最近发生的新闻等。

社 交 止 痛

　　不管"查户口"的人目的是什么，我们都应该保持距离感，拒绝回答对方的问题。这是对自我隐私的保护，也是有效避免尬聊的途径。

　　那么，如何有效又不失礼貌地结束这种聊天方式呢？

　　发现对方有"查户口"的趋势，可以选择打哈哈的方式，模糊地说个大概，随便敷衍过去。比如：

　　　"哦，就是普通职工。"

　　　"我们就是普通家庭，不值一提。"

也可以不接对方的话茬儿，巧妙地把话题岔开，顾左右而言他。可以这样说：

> "对了，大姐。人事说让我复印个人资料，您知道复印机在哪里吗？您可以教我怎么使用吗？"
>
> "我听说咱们单位伙食非常不错，您给我介绍介绍都有什么特色。"

如果对方仍然一个劲儿地问个没完，那就可以化被动为主动，用同样的问题问对方，或者追问对方更隐私的问题。比如：

> "大姐，您父母做什么工作的？""您有几个孩子？""孩子成绩好吗？""您工资多少呀？""婆媳平时有什么矛盾？"……

一番反问，对方肯定哑口无言。

路上偶遇很多年没见面的老同学，本打算寒暄两句就走，结果对方却热情得不行，一会儿问我的工作，一会儿问我的家庭，但其实我们根本没有那么熟啊！

好久不见呀，老同学！最近在哪里高就？结婚了没？我可真是太想你了……

她叫什么名字来着？

痛 点 答 疑

有些人天生热情，见到谁都能热情地寒暄；有些人重感情，珍惜同学间的情谊，不自觉对老同学热情；而有些人则是有目的的，对我们热情，可能是有事相求，或企图从我们身上得到好处。

和不熟的老同学碰面，对方表现得很热情，我们首先要弄清楚对方属于哪一种情况，然后具体问题具体分析。

1. 保持社交礼仪，有分寸地寒暄。

如果老同学本来就热情大方，我们在交流的时候就要保持礼貌，不能表现得过于排斥。但也要点到为止，不要因为对方热情，我们就被"感染"了。

2. 提高警惕，及时结束话题。

如果老同学别有目的，我们则需要提高警惕，避免落入对方的陷阱。

社 交 止 痛

寒暄的时候，要注意说话的分寸，该说的就说，不该说的就不说。对于一些隐私问题，可以保持微笑，然后通过沉默、敷衍的方式来应对。然后引导老同学回忆一下当年的趣事，或熟悉的老师，或学校的风景，等等。可以这样说：

> "能见到老同学，我真是太高兴了！这段时间我还时常想起学校楼下的……"

> "是呀，我也很想念老同学，想念大学时期的快乐时光。记得有一年，我们举行×比赛……"

既打破了尴尬，又不至于"交心"，可以说是一举两得。

如果通过交谈觉得老同学还不错，真诚、有趣，且真的珍惜同学感情，那也可以继续相处下去。多一个朋友，不也是好事吗？

如果通过交谈，发现老同学的热情是有目的的，比如推销保险、想求你办事，那就应该保持距离，尽快结束谈话。可以这样说：

> "嗯，我本来要去……遇到你，我差点儿把这事儿忘了。我得赶快去办事，咱们有机会再聊！"

或者，悄悄发信息给家人，让家人给自己打电话，然后说：

> "不好意思，家里打电话说有急事，我得马上回去。咱们回头再聊！"

熬了半宿终于把方案改到客户满意了，惬意的午休时间要好好补一觉。旁边工位的大姐开始煲电话粥，声音逐渐放大，我该如何委婉提醒？

哈哈哈，这也太搞笑了吧！那人怎么……

上帝啊，赐我一个"遥控器"吧，把她的"音量"调低一点！

对方打电话声音太大，打扰我们休息，及时提醒是必要的。但是，发火不是好办法，只会激化矛盾；当面直接提醒"你小点儿声"，会让对方很没面子，也会得罪同事。

面对这种情况，我们需要尽量做到以下几点：

1. 不带情绪，要善意地提醒。

2. 不能当面指责，要私下提醒。

3. 不要说话太直，要委婉一些。

社 交 止 痛

沟通的方式不同，效果就大不相同。我们的目的是提醒对方小声一点，不打扰自己休息，而不是与其争吵，引起争执。所以，要把握的原则就是——委婉。

可以走到对方身边，微笑，并轻声说：

> "不好意思，你能小声点吗？我昨天熬夜熬到凌晨2点，现在想休息一下……"

态度好，语气委婉，只要对方不是蛮不讲理，便可以意识到错误，降低音量。

可以采取暗示的方式，比如，递给对方一颗润喉糖，然后说：

> "这个润喉糖很好吃，打电话之后，可以用它来润喉。"
>
> "不好意思，你有耳塞吗？"

也可以利用反向心理，有礼貌地询问：

> "对不起，我吵到你打电话了吗？"

一般情况下，对方都可以明白我们的暗示，并主动降低音量，不再高声说话。

除此之外，我们还可以故意小声和对方说话，让对方把音量降下来。比如，小声询问：

> "李姐，我想问你个问题，你今天带×了，可以借我用吗？"

我们小声说话，对方也会不自觉地小声说话，并意识到自己的问题，进而主动改正。

公司楼下饭馆的老板有些过度热情，了解到我是他老乡之后开始对我的个人隐私频繁发问，当得知我的父母跟他家人住同一个小区后非要送礼品似乎还有事相求，本就不太熟的人要找什么理由既不伤害他还能保持社交距离呢？

下次下次，今天吃过了……

老乡！快来快来，没吃饭呢吧？我这里有些土特产，你带回去给令尊尝尝呗！还有上次那个事情……

下次必须绕道！这样的热情实在太可怕了！

痛 点 答 疑

来得快的关系，往往去得也快。"自来熟"的人，对谁都热情，和谁都能聊得来。当然，若是别人不能满足他的期望、要求，他也很容易翻脸。尤其是那些功利心比较重的人，一旦发现你不愿帮他，他就会心生埋怨，甚至做出报复的举动。

所以，面对不熟的人对你特别热情，且好像有事相求，一定要懂得如何拒绝。

1. 保持距离，绕道而行。

可以保持距离，能疏远就疏远，能避免接触就避免接触，尽量不与其共事，不给对方开口的机会。

2. 敢于拒绝，不要磨不开情面。

不要认为人家对你热情，你却拒绝人家，太不讲人情，太冷漠。事实上，不敢拒绝，会让你越来越被动，甚至被勉强去做不想做、不应该做的事情。敢于拒绝，才能免去很多麻烦，不委屈自己。

3. 拒绝要果断，不能太委婉。

拒绝得太委婉，带着模棱两可或者很没底气的口气，无法让对方死心，对方仍会用热情的攻势来"打动"你，或者以为你答应了。拒绝得干脆果断，态度坚定，才是最好的选择。

社 交 止 痛

一旦确定"自来熟"的热情是别有用心，那就应该果断地拒绝，不给对方开口提要求的机会。对方要开口的时候，你就要找机会打断，然后尽快离开。可以这样说：

"不好意思，刚才有人打电话说我的车挡了人家的路，我得立即去处理！"

如果对方不肯罢休，坚持提出让你帮忙的要求，你也可以直接拒绝，可以这样说：

"不好意思，我很想帮你，但我帮不了你！"

"不好意思，这是违规的，我不能做违规的事情。"

你们只是老乡，本就不熟悉也不打算深入交往，不用磨不开面子，也不用担心得罪人。更何况，拒绝是你的权利，即便是朋友、亲人，你都有权利拒绝，更何况是不熟悉的老乡。

如果你不想伤了对方的颜面，也可以委婉地拒绝，但是态度一定要坚定。可以这样说：

"对不起，我很想帮你，不过……"

找个理由，且理由充分，对方也不好意思强求。

第十章 送礼不是送"尴尬"

——礼尚往来，送"礼"也要讲"礼"

出门旅游，给朋友带了纪念品，兴冲冲地送给对方后，对方竟一通嫌弃，还抱怨我怎么不带当地的某个特产回来。唉，我真是太难了，送个礼他竟然还挑上了！

你怎么买这家的？这家的不正宗，要买还是得去老字号！

呵呵，我给你送礼，你给我受气！

　　自己精心挑选的礼物，却被朋友嫌弃了，换谁都会伤心、气愤，感觉自己的好心和诚意被糟蹋了。面对这种情况，不能忍气吞声，否则只会委屈了自己。明智的选择是让对方明白自己的不满，且自己的好心不是用来糟蹋的。

　　不同的朋友，采取的方式也有所不同：

　　1. 直接反驳。

　　如果朋友与你很"铁"，无话不说，可以直接表达不满，让他知道这样的行为是在伤害你。

　　2. 迂回暗示。

　　如果是普通朋友、同事，不好意思把关系弄僵，可以从侧面委婉地点拨、暗示，表达不满。

　　3. 远离对方。

　　如果对方看不起你，不值得真心相待，那么就直接远离，不必再与他交往。

　　面对嫌弃或挑剔礼物的人，要及时反击，表明自己的立场。如果朋友与你关系很好，你也知道他只是无心，那么可以直接表达不满，你可以这样说：

　　　　"我精心为你挑选礼物，你却挑三拣四，真是让我伤心！要是你不喜欢，那就还给我吧！"

"是吗？那你下次给我多买几盒老字号的！"

如果朋友关系比较普通，则可以用迂回的方式来暗示，保持礼貌，又表达自己内心的不满。可以装出一副惊讶的表情，然后这样说：

"是吗？我买错了，是因为不懂老字号。看来你很懂，不如下次你出差时买来送给我吧。"

也可以用幽默的话语来表达不满：

"老字号遍地都是，我的心意却是唯一。"
"你把它收起来，10年后，再拿出来。它就是老字号！"

用幽默的话语来表达，伤害更小一些，更容易让对方接受。

同事邀请大家参加他的生日会，他是个富二代，平时用的东西都是名牌货，我该怎么给他送礼呢？送得太轻怕拿不出手，送得太贵又心疼，毕竟大家真的没有那么熟啊！

不太熟

200元　2000元

送礼真是太难了，便宜了拿不出手，贵了感情还不到位……

痛 点 答 疑

同事是富二代，不代表我们送的礼物就必须非常贵重。一是送礼心意最重要；二是即便我们买了自以为很贵重的礼物，对于同事来说，也可能觉得它很普通。

所以，给同事送礼物的时候，我们只需要把握以下原则就可以了。

1. 选礼物，要花心思。

不要随便敷衍，要根据对方的喜好来挑选，做到投其所好。

2. 送具有特殊意义的礼物。

礼物没必要多贵重，但是如果能具有特殊意义，也能打动人心。

3. 送与别人不一样的礼物。

别人都送衣服、首饰，你别出心裁，送不一样的礼物，比如水墨画、文创艺术品，也能引起对方的注意。

社 交 止 痛

给同事送礼物，送得恰到好处并不很难。只要我们肯用心，提前了解对方的喜好，再投其所好就可以了。

比如，对方喜欢踢足球，我们可以送与足球相关的礼物，比如某场足球比赛的门票，可以这样说：

> "我知道你喜欢足球，听说过段时间，在本市有×队和×队的比赛，所以买了两张门票……"

或许门票的位置不太好，或许他看过许多更精彩的比赛，但是我们用了心，同事也会欣然接受这份礼物。而且，这份礼物是独一无二的，也容易吸引他的注意力。

　　如果和同事关系还不错，知晓某件事、某件事物对他意义非凡，那么我们就可以送他与其相关的礼物。可以这样说：

　　"还记得我们第一次做项目，到×地考察时，你水土不服，只能吃×。前两天，我托人买了一些，邮寄过来。"

　　礼轻情意重，勾起回忆，自然能胜过那些贵重的礼物。

中秋将至，收到很多合作公司送来的礼物。领导安排我回礼，我究竟是该"一视同仁"，还是该根据收到礼物的价值来"分类安排"回礼呢？真是让人头疼啊。

赵总送的礼最贵，但孙总和老板关系最亲近，钱总是重要的大客户……天哪，这回礼可怎么安排啊！

礼尚往来，是人之常情。商务场合，接受合作伙伴的礼物，你就应该及时回礼，且要回得得当、有讲究。回礼不得当，还不如不回。通常来说，回礼要把握以下几个原则：

1. 回礼轻重要得当。

回礼，应该参照合作伙伴给你送礼的轻重而定，不能回得太轻，也不能太重。回礼不能形式化，尤其逢年过节期间，选择的礼品千篇一律，会让对方觉得你不用心。

2. 回礼的时机要得当。

选择回礼的时间，要讲究"后会有期"。除非特殊情况，不能刚收到礼物就迫不及待把礼还回去。当然，拖太久也不好。

3. 回礼要用心。

合作伙伴真心给你送礼，所以回礼的时候你也不能随便选择，更不能把别人送你的礼物回给其他人。

给合作伙伴回礼如果一视同仁，那就大错特错了。试想，你送给朋友价格昂贵的礼物，朋友却回给你廉价的礼物。你会开心吗？是不是觉得对方不重视你？

所以，回礼的时候，要根据对方送礼的轻重而定。合作伙伴的礼物贵重，回礼就应该同样贵重；合作伙伴的礼物比较普通，回礼也选择普通的就可以了。当然，回礼的时候要注意场合，不要在办公场所，要私下分别给每个合作伙伴回礼。

回礼的时候，要学会说客套话，表达对合作伙伴的感谢，然后表明领导的心意。可以这样说：

> "×总，我们领导衷心感谢您的礼物。同时，让我准备了区区薄礼，不成敬意，还请×总笑纳。希望我们今后的合作更加愉快！"

同事邀请我们去他家吃饭，想着空手去不好，我就把过年时朋友送的火腿带上了，结果刚把火腿拿出来，同事就一脸尴尬地说自己是回民，这可真是尴尬到家了！

痛 点 答 疑

送礼送得对，皆大欢喜。送错了礼，犯了别人的忌讳，轻则气氛尴尬，重则关系破裂。所以，送礼物之前，我们必须了解清楚对方的喜好、忌讳，避免送出"尴尬的礼物"。

通常来说，送礼有如下几大雷区：

1. 避免送谐音不祥的礼物。

中国人收礼物有讲究，都想讨个好彩头，忌讳谐音不祥的礼物，比如"鞋"与"邪"同音、"钟"与"终"同音、"伞"与"散"同音。所以，送礼时千万不要送鞋子、钟表、雨伞等。

2. 避免送特定场合的礼物。

菊花、香烛等物品，是中国人祭祖、上坟常用的，不适合作为礼物送给他人。所以，千万不要给老人、客户等人群送这类礼物。

3. 避免送对方民族、宗教忌讳的礼物。

送礼物之前，要事先了解和尊重对方的民族习惯、宗教信仰，避免好心办坏事，送出冒犯对方的礼物。

社 交 止 痛

虽然，很多时候对方知道我们是无心的，嘴上不会说什么，但内心肯定不舒服。所以，一旦送错了礼物，必须第一时间向对方真诚道歉，可以这样说：

> "非常抱歉！我没有事先了解情况，犯了大错！请您不要介意。"

道歉之后，马上把东西收起来。因为不收起来，别人收也不是，不收也不是，只会让场面更尴尬。同时，要表示会做出补偿，表达歉意，弥补错误。

> "这个东西，我就先收起来了。明天我再给你送一只羊腿来，聊表歉意。"

也可以马上处理，收回礼物。

> "不好意思。这个东西放这里好像不适合，我把它送回车里吧！"

然后，趁机购买合适的礼物，再郑重地送一遍。

只要我们及时道歉和补救，尴尬就可以顺利化解。

蜜月归来，给公司上下都带了小礼物，连保洁阿姨都没落下。正为自己的周全沾沾自喜呢，却发现把领导给算漏了！我真不是故意的！怎样才能挽救这场尴尬呢？

啊啊啊啊，领导的礼物呢？！我怎么把领导算漏了？！

送礼，最尴尬的事莫过于漏了人，而且这个人还是领导。这样一来，领导肯定多心，怀疑你不重视他，或对他有意见。面对这样的情况，一定不能实话实说，"不好意思，我把您算漏了"，而是应该找个理由把这件事圆过去，然后再想办法补救。

同时要注意以下三点：

1. 迅速化解尴尬气氛，不要让领导下不来台。

2. 理由要合情合理，不能随意敷衍，不能让对方看出不真诚。

3. 事后要及时补救，送出符合领导心意的礼物。

社 交 止 痛

为算漏领导这件事找借口的时候，一定要思维灵活，尽量不让领导和其他人看出破绽。可以这样说：

> "领导，是不是以为我把您忘了？当然不是啦！您是我的伯乐，教会我很多东西，所以我特意为您准备了一个惊喜！"
>
> "不好意思，领导。您的那个礼物比较'重'，我办理了托运。不过，它好像迟到了！"

理由合情合理，尴尬的气氛自然有所缓解。当然，事后你补送的礼物必须符合自己的说法，这样一来，你就不是漏送了礼物，而是更重视领导，或许还能赢得领导的好感。

男友妈妈总是送我一些她用不上的东西，比如买东西时的赠品、别人送她但她不喜欢的口红、旅游时被强行推销的工艺品……这些"扔垃圾"式的礼物，我该怎样拒绝呢？明明用不上，我可不想白白欠份人情呀！

来来来，这个送你，这个颜色就适合你们年轻女孩儿……

赠品

天哪，我是垃圾桶吗？！怎么什么不要的都能往我这儿塞！

古人不食嗟来之食。当别人总是送我们"垃圾礼物"，还一副"看！我对你好吧"的样子的时候，我们应该果断拒绝。因为通常情况下，对方瞧不起我们，不尊重我们，所以才像扔垃圾似的将一些自己不喜欢、没用甚至是用过的东西丢给我们。

即便对方没有不尊重我们，但是也有"施舍"的意思。如果我们不拒绝，对方就会认为那些东西是有价值的，最起码对我们来说很有价值。这样一来，我们不仅收了一堆"垃圾"，还欠了人家的人情。

拒绝的时候，需要把握三个原则：

1. 尽量采用委婉的、不失礼貌的语言。

虽然对方的行为不妥，但我们不能失礼，不能让别人说我们"不识好歹"。所以，该拒绝要拒绝，但也要给对方留有情面。

2. 事后私下返还。

如果对方是大庭广众之下送礼，我们可以暂时收下，避免当众拒绝的尴尬。事后，再返还礼物，说明理由，才不至于闹得太难看。

3. 以彼之道还施彼身。

可以用同样的方法给对方送礼物，让对方明白我们的不满和用意。

对于那些"垃圾礼物"，拒绝的时候要用温和的语言，暗示那个礼物是自己不需要的，我们可以这样说：

> "谢谢阿姨的好意。不过，您也很年轻呀，这个口红色号您用着正合适！"
>
> "您的心意我收下了。这个口红您留下自己用吧！"

也可以找一些"冠冕堂皇"的理由，说礼物并不适合自己，比如：

> "谢谢您的好意。不过，我之前用过这个牌子，好像有些过敏……"
>
> "这个工艺品很漂亮。可惜，我的房间太小了，实在没地方摆放。"

　　如果大庭广众之下不好拒绝，事后返还的时候，要说明理由，同时，千万不要拆开礼物，要原封不动地送回去。而且，不能拖太久，尽量在24小时内私下返还，也可以让其他人代为返还。

　　如果对方听不懂暗示，或故意而为之，我们也可以适当地反击——把自己不用的、不喜欢的东西，一股脑儿地送给对方，相信这之后，对方自然明白我们的用意。

第十一章 这么离谱的请求，你都不会拒绝

——拒绝的艺术

出差时收到朋友的信息，拜托我帮他带东西。这已经不是第一次了，他总是这样，拜托我帮他做这做那，但每次我需要他帮忙的时候，他总有借口推脱，感觉好像一直都是我在付出，我该怎么办呢？

很多时候，朋友的一味索取、不懂付出，都是你"惯出来"的。因为你卑微地付出，不知道拒绝，不知道索取，所以让对方越来越自私，利用你的"好"为所欲为。想要避免这种情况，必须学会拒绝。

想要学会拒绝，你必须做到以下几点：

1. 摒弃"讨好"心理，不必讨好任何一个人。

把别人放在第一位，一味想办法讨好别人，只会委屈自己，让自己失去原则、底线，到头来还得不到任何好处。所以，你必须摒弃"讨好"心理。

2. 维持友情的平衡状态，坚持"互惠"原则。

友情需要维持平衡，单方面的付出只会让你成为讨好者，最后在友情中没有任何地位。所以，为朋友付出的同时，也要要求对方付出。如果对方拒绝，那么就要尽量远离。

3. 要明白真正的朋友不会要求你一味付出。

真正的朋友会真心以待，帮助你、支持你，而不是一味索取，欺负你、压榨你。

如果你发现朋友总是要求你做这做那，只要求你单方面付出，却不肯为你付出，那么你就要拒绝他、远离他。拒绝的时候，可以理直气壮一些，表明自己的态度。比如这样说：

> "对不起，我不想再帮你忙了！"
>
> "不好意思，我无能为力，帮不了你。"

如果对方询问为什么，或者抱怨你不帮忙，你完全可以把事情挑明，表示自己不愿意再单方面付出。

> "因为我感觉你在欺负我。我总是全心全意帮你，对你有求必应，可你帮过我吗？为我做过什么事情吗？"
>
> "朋友之间的付出是双向的，但我的付出是单向的。我不愿意再一味付出了。"

一旦你坚定地拒绝了，那么对方就会知道你的原则和态度，就不会再提出无理的要求，也不会为所欲为。

领导让我和小李一起完成一个企划，原本一人一半的活儿，他却总把自己该干的事情安排给我，还说什么"好搭档，这个就交给你了"，真是太气人了！

好搭档，这个就交给你了！

天天把你的活儿推给我，怎么不把工资也付给我？！

223

痛 点 答 疑

同事总把事情推给你，是因为你好欺负，不善拒绝。如果你只在心里抱怨，不拒绝，不反抗，那么同事就会变本加厉，甚至把这当作理所当然。一旦你哪天拒绝了，他还会心生埋怨。

而且，你不拒绝，把原本属于同事的工作全部做完，很可能出现以下情况：有功，同事领了；犯错，同事会把责任推给你。

所以，职场上，你需要做到以下几点：

1. 可以偶尔给同事帮忙，但不能对其有求必应，不能委屈自己。

2. 当同事把分内事推给你时，你要大胆地拒绝。

3. 把握好拒绝的原则与分寸。

社 交 止 痛

当同事把活儿推给你，并说"举手之劳""顺手的事儿"的时候，不要勉强自己答应，而是应该大胆地拒绝。你可以这样说：

> "不好意思，我手头还有很多工作没处理完。你可以自己解决吗？或是能不能先请别人帮忙？"

或者把领导搬出来，找一个对方无法拒绝的借口：

> "不好意思，领导让我必须在下班前把这份计划交上去，我帮不了你了！"

也可以采取不拒绝、不答应的做法，想办法拖延。你可以这样说：

> "我手里的活儿还没干完，我得看看时间是不是充裕。"

等对方找你的时候，你再拖延，或者告诉他等待的时间比较长。拖延个一两回，一来二去，对方就不会再来找你。

还可以采取装傻的方式来委婉地拒绝，比如：

> "你的意思是，我做 A 部分，你做 B 部分？没问题！给你，这是 B 部分。"

或者：

> "你真是太好了！这个项目的奖金可不少，你把工作都交给我，就是把奖金让给我！感谢感谢！"

你这样说，同事自然明白你的意思，也不好意思继续把活儿推给你了。

当然，拒绝的时候也要注意分寸，不能情绪化，不能太强硬，要采取温和委婉的态度，且做到对事不对人，这样才不会得罪人。

项目工期有些紧张，领导让小组这几天加加班赶一赶，结果李哥昨天有事提前回家，今天又说："哎哟，年纪大了，体力跟不上了……"一遇到事情就倚老卖老，真该想想办法约束他了！

最近工期紧，大家加班赶一赶……

哎哟，年纪大了，体力跟不上，不能像你们小年轻一样熬啊！

抢功劳的时候不见你体力不行！

老员工倚老卖老，干活儿积极性不高，找各种理由推卸工作，是非常让人头疼的事情。年轻领导如果不能好好约束、驾驭他们，对于团队的凝聚力、积极性都有极大的破坏，更重要的是会让其肆无忌惮、变本加厉。不过，直接强硬地批评或惩罚，也不是好办法，很可能激化矛盾。

面对这种情况，作为领导的你需要做到以下几点：

1. 要一视同仁，不允许搞特殊。

有人搞特殊，是团队凝聚力的天敌。所以，千万不要因为他们资历老、年纪大，就纵容、不好意思批评，否则很难管理好团队。

2. 保持尊重，尽量不当众批评。

老员工有资历、有贡献，且年纪的确比较大，虽然你是领导，也要对其保持该有的尊重，要尽量给他们留情面，不要当众批评，更要避免发生正面冲突。

3. 采取积极的态度，动之以情晓之以理。

老员工也是人，也有七情六欲，如果你能动之以情晓之以理，也能让其改正缺点。

4. 适当恭维，把老员工架上"高台"。

突出他的重要性，肯定他的贡献，他的心情愉悦了，骄傲感就油然而生，自然也就变得积极起来。

老员工消极怠工、偷懒耍滑，作为领导你应该及时给予批评，但批评的时候，不能太直接，比如"所有人都加班，为什么你早早回家休息""不行，你不能搞特殊"，这会让对方下不来台，很可能引起大的矛盾，甚至让老员工破罐子破摔。

最好是将老员工叫到办公室，私下点出其行为的不当。你可以这样说：

> "李哥，现在领导要求全员加班赶项目，您是不是可以晚走一会儿？因为咱们时间不够，人手不足……"

批评之后，可以采取感情攻势，动之以情晓之以理，以此来打动他。

> "李哥，我知道您体力比不上年轻人。但是您看，咱们这个项目时间紧、任务重，领导又催得紧，您就坚持坚持……"
>
> "您年纪大了，早些回家休息，我倒是没意见，也能理解。不过现在时间紧、任务重，我担心完不成任务……"

只要你说得合情合理，让对方不好意思拒绝，就可以轻松实现目的。

一般情况下，老员工都认为自己是不可或缺的，你可以利用他们这一心理弱点，采取赞美、恭维的方式，比如，可以这样说：

> "李哥，您是老资历，这个项目又比较重要，缺少了您坐镇，我怕我们这帮年轻人出差错。您就多辛苦辛苦，处理×等几个关键内容，可以吗？"

你把他夸得飘飘然，他自然就不会逃避责任了。

因为方案得到甲方高度认可，领导奖励了我1000元的奖金，同事们纷纷起哄让请客。唉，本来手头就拮据，还指望这点儿钱能缓解一下压力呢，我该怎样拒绝啊？

请客！请客！

奖金

累死累活才拿到的奖金，凭什么要请客啊？！

痛 点 答 疑

同事起哄让请客，请了，自己"大出血"，心有不甘；直接说不请，又不太好，害怕被同事说小气。处理这个问题之前，你首先必须明确两个问题：

1. 奖金金额大小以及个人经济状况。

面对同事提出请客的要求，如果金额比较大，且同事的要求不算过分，偶尔请一次也是可以的，这对于增进同事之间的关系非常有利。但是，如果你急需这笔钱，那就应该巧妙地拒绝。

2. 同事的意图。

如果同事只是一时兴起起哄，你可以委婉地拒绝，或小请一次。如果同事喜欢占便宜，总是让别人请客，且自己从来都是一毛不拔，那就不用客气，直接拒绝就好了。

社 交 止 痛

拒绝的时候，可以用"哭穷"的方式，把信用卡账单、孩子培训缴费等拿出来当"道具"，然后这样说：

> "我很愿意请客。但大家看看我的信用卡账单……"
>
> "哎呀，我昨天才给孩子交了几千元培训费……这1000元是我这个月的饭费，大家忍心让我挨饿吗？"

当然，你的话要符合实情，不能瞎编乱造。因为谎话总会有揭穿的一天，若是同事发现你为了"哭穷"说谎，肯定会对你心生不满。

也可以用缓兵之计，把事情往后拖一拖。你可以这样说：

> "请客是当然的，只不过最近几天家里有点儿事，等忙完这一段，我再给大家补上。可以吗？"

时间长了，同事们就忘了。如果有人念念不忘，总是催着你请客，你可以化被动为主动，主动提出请客喝饮料、下午茶等，比如可以这样说：

> "这样吧，今天我请大家喝奶茶吃点水果，可以吗？我现在就下单，一会儿请大家随便吃。"

这样既让大家高兴了，又节省了开支，可以说是两全其美。

公司年会，有一个环节是掰手腕赢奖品，我和同事小王对上了。游戏还没开始，小王就冲我嬉皮笑脸地说："这东西我老婆想要很久了，给点面子嘛，哥！"这也太碴硬人了，这"面子"我能不给吗？

痛 点 答 疑

那些让你觉得离谱、硌硬的要求，通常都是无理的。对方之所以说"给点面子"，是因为他们也知道自己的要求是无理的，所以想道德绑架你。如果你磨不开面子，那么对方就得逞了。

面对这种情况，如何来应对呢？

1. 该拒绝就拒绝，不被道德绑架。

不拒绝，不仅会让自己的权利受损，还像吃了苍蝇一样恶心。所以，正确的做法是——拒绝，坚定地维护自己的权利。

2. 克服"害怕别人失望"的心理。

担心别人失望，心里就会愧疚，心里愧疚，就说不出拒绝的话。所以，想要拒绝不合理要求，你需要克服"害怕别人失望"这种不良心理，不必把别人看得太重要。

3. 间接拒绝。

拒绝的方式有很多，没必要得罪对方，所以在拒绝的时候，态度要坚定，但是方式要灵活。

社 交 止 痛

当对方说"留点面子"的时候，你可以用微笑来代替回答，不答应，也不拒绝。对方若是以为你答应了，最后质问你的时候，你可以回答：

"不好意思，我并没有答应你。"

也可以反过来道德绑架对方，反客为主，把问题留给他。可以这样说：

> "不巧，我老婆也非常喜欢它。你给我留点面子吧。"

还可以故意模糊问题焦点，采用避重就轻的方式来拒绝。

> "咱俩实力悬殊。输给你，别人一看就知道我们作弊了！这可不太好！"
>
> "礼物是小，面子是大。在掰手腕上，我从来没输过。"

听了这话，对方也不好意思强求了。

老李的短信又来了，不用看就知道，肯定又有事情找我帮忙！这都多少次了，不行不行，不能再让他得寸进尺了，我还是假装没看到吧——逃避虽可耻但有用啊！

235

痛 点 答 疑

对于别人的过分要求，或是一而再再而三的强人所难，保持沉默、不予理会不失为最好的办法。用得好，不伤人，还能轻松实现拒绝的目的。

因为在大部分人看来，沉默就代表着拒绝。你不回复信息，对方就明白了你的意思，通常不会再强求。就算对方不能意会，视而不见，保持沉默，也可以让事情冷却下来，用不了多久，也能让对方知难而退。

用沉默来拒绝，需要注意以下两点：

1. 沉默并不是灵丹妙药。

沉默的方法不适用于所有人，也不适用于所有情况。如果对方比较难缠，沉默是没有效果的。如果对方的某些要求不合理，你却一味保持沉默，对方可能会得寸进尺。

2. 不能过分沉默。

当对方不断发信息、打电话的时候，你就不能再假装视而不见，继续保持沉默了。过分沉默的杀伤力，比直接拒绝更大。

社 交 止 痛

如果求你帮忙的朋友识时务、有分寸，能领会到沉默的含义，那就让这件事过去好了，不要再提及。你拒绝了，他接受了，事情就已经结束了。事后再提及，只会让双方尴尬，让对方觉得你虚情假意。

如果对方不死心，多次发信息、打电话，或者直接找上门来，那么你就不能再保持沉默了。这个时候，你应该为自己找个合理的借口，让拒绝变得合理一些，消除对方的不满。你可以这样说：

> "不好意思，我刚刚比较忙，没看到短信／没接到电话。"
>
> "不好意思，我刚刚看到你发的短信／听到你的电话了，但是当时正忙，想着过一会儿给你回复……"

化解尴尬之后，不要急着拒绝，要听对方把要求说完，然后再说明自己的难处，表示无能为力。也可以用拖延战术，说：

> "我有难处，得考虑考虑……"

也可以找其他方案代替，这样不会让对方觉得你的拒绝太过于无情。

七 朋友开口借钱

许久没联系的老同学突然给我打电话，本来心里挺高兴，可没说两句，对方就开始诉苦，然后就开口借钱了，虽然我有心帮忙，但手头确实不宽裕，怎样拒绝才不会伤害彼此的情分呢？

……最近手头特别紧……

有心无力啊，亲！

人际交往，最怕的是朋友向你借钱。本来关系还不错，这一借钱就成了债主与欠债人的尴尬关系。遇到诚实守信、及时还钱的还好，若是遇到欠钱不还的，不仅损失了钱，还失去了友情。

因此，最好的选择是拒绝。拒绝的时候，需要把握好以下原则：

1. 拒绝的时候，要委婉一些。

不要直接说"我没钱""我不借"，而是应该学会委婉一些，给他人留面子，给自己留余地。

2. 不要第一时间去拒绝。

朋友一开口，你就立即拒绝，显得太无情。等对方把话说完，再询问其借钱的原因，这样不但有利于让自己考虑清楚借还是不借，而且更有利于找到委婉拒绝的理由。

3. 救急不救穷。

并不是说，所有朋友借钱，你都一律拒绝。如果是真心相待的朋友，或者平时比较朴实、真诚的朋友，真有急事需要用钱，也应该伸出援手，帮其渡过难关。

拒绝朋友借钱时，尽量要给对方留情面，不要把关系弄得太僵。毕竟，多一个朋友多一条路。如果对方与你的爱人不熟，可以把爱人当挡箭牌，比如这样说：

> "没问题。可是，我手头没钱，家里都是我老公 / 老婆管钱，我得和他 / 她商量一下……"

在这个方法的基础上，你可以采取拖延的方法，把时间拖得久一些，让对方知难而退。比如，对方催你，你就可以说：

> "正在商量，我向我老公 / 老婆说明之后，再给你答复！"

如果对方讽刺你"不当家""怕老婆"也没关系，你大大方方承认就好了。

可以不给对方说"借钱"的机会，自己先"哭穷"，诉说自己的难处。比如对方说"最近手头紧"，你可以抢过话：

> "对对对！我最近手头也很紧。最近经济不景气，工资缩水，房贷、车贷却一分不少，还要给孩子交培训费……这不，屋漏偏逢连夜雨，过段时间老板好像要给我降薪……"

一番话，表明自己有难处，对方也就不好意思张口了。

如果对方忽视你的"哭穷"，仍提出借钱的要求，你可以采取"丢卒保帅"的方法，即干脆拿出一小笔钱（自己能承担的数额），直接送给他。你可以这样说：

"我真的非常想帮你。但是，我也真的拿不出那么多钱。这样吧，这里有×元，你拿去救急吧，不必还了。"

　　除此之外，还可以提出一些其他的解决方法，比如给他介绍兼职等。只要你真心关心朋友，对方心里就不会有埋怨。

晚上加班，一直追求我的男同事突然请假离开，两个多小时以后，他带着一份甜品回来给我。这家店没有外卖，距离公司也不近，是我在朋友圈提过喜欢的店。但是，拜托，我更希望你能好好加班，减轻我的工作量！

男同事跑大老远去买甜品，却留下你独自加班，处理一大堆工作。这样的"自我感动式"惊喜，真的让人高兴不起来，甚至还会感觉有些气愤。但是如果你表示愤怒，又好像显得不识好歹，辜负人家的好意。那么，遇到这种情况，应该如何表达真实想法呢？

1. 首先要表达感谢。

其实，男同事的出发点是好的，想要讨好你，想增加在你心里的"印象分"。所以，不管你高兴不高兴，首先都要表示感谢。

2. 直截了当，表达不满。

感觉不舒服，就直接说出来，不要憋在心里。你不说，对方就会以为你很感动，感动得说不出话来，更不知道自己的行为是不当的。

3. 寄予期望，提出要求。

只表达不满，自然会让人感觉你不识好歹。但是，表达不满后，提出"我希望……"，就可以让对方看到你的真诚，不会产生不满。

社 交 止 痛

同事出于好意，专门为你准备"惊喜"，你要第一时间表示感谢，并真诚地说出感谢的话。你可以这样说：

> "没想到你能记得我的喜好，还专门跑那么远给我买来甜点。我要对你表达感谢，谢谢你！"

接下来，要客气、有礼貌地说出自己的想法：

> "不过，我们的时间比较紧张，任务量也比较大，你这样跑出去买东西，有点儿不太合适……"

或者直接说出不满：

> "说实话，我不是那么喜欢一个人加班。"

听了这话，同事的脸色可能不怎么好看，表露出尴尬的神情。这个时候，你可以真诚地说出自己的期望：

> "其实，我比较喜欢真诚的人，不喜欢套路。我希望我们之后的相处多一些真诚，少一些套路。"

或者说：

> "有没有惊喜都无所谓。与套路相比，真诚是最能感动人的。"

拒绝"自我感动式"的好意，让双方都变得真诚起来，对方才不会做"无用功"，自己也不至于委屈，关系才能更融洽。